D1857266

Bernward
bei Don Bosco

Paul Mascher
Christian Nuener
Thomas H. Böhm

In Gottes Namen versammelt

Werkbuch für Liturgiekreise

Bernward bei Don Bosco

Bibliografische Information Der Deutschen Bibliothek

Die Deutsche Bibliothek verzeichnet diese Publikation in der Deutschen Nationalbibliografie; detaillierte bibliografische Daten sind im Internet über http://dnb.ddb.de abrufbar.

verlags gruppe engagement

1. Auflage 2003 / ISBN 3-7698-1424-X
© 2003 Don Bosco Verlag, München
Umschlag: Alexandra Paulus
Foto Umschlag: Johann Friedrich Overbeck, Christus und die Jünger in Emmaus, © artothek
Produktion: Don Bosco Grafischer Betrieb, Ensdorf

Gedruckt auf umweltfreundlichem Papier

Inhalt

Vorwort

Die Inhalte dieses vorliegenden Werkbuches für Liturgiekreise sind in jahrelanger Praxis in der konkreten Aus- und Weiterbildung von Liturgiegruppen in der Diözese Innsbruck gereift.

Oftmals haben wir den Eindruck, als würde die Liturgie der Maßstab für das Gemeindeleben sein. Der Liturgie kommt aber eine dienende Stellung und Aufgabe in der Kirche zu. Sie ist nur dann sinnvoll, wenn sie im lebendigen Austausch mit allen anderen Grundfunktionen des Gemeindelebens verwoben ist. Nur so kann sie die Gläubigen und die Gemeinschaft in ihrer Christusnachfolge erhalten, bestärken und ihnen auch Orientierung bieten. Die Feier von Gottesdiensten ist niemals als l'art pour l'art, als Selbstzweck zu verstehen, sonst gleitet sie ins Unterhaltungsfach ab. Sie ist vielmehr Ausdruck des Lebens, das gefeiert, vor Gott getragen und von ihm verwandelt zurück geschenkt wird ...

Vielfach machen wir auch die Erfahrung, dass Liturgieverantwortliche und Liturgiekreise nach fertigen Modellen und Behelfen suchen. Dies behindert oft die Zeit- und Gemeindegerechtigkeit der Gottesdienstgestaltungen. (In einem Fürbittbuch beispielsweise – ob am „grünen Tisch" oder in einer Gemeinde entstanden – können nicht die aktuellen Anliegen einer konkreten Gemeinde an einem bestimmten Fest berücksichtigt sein.)

Unser Buch will daher Ermutigung und Hilfe zur Eigeninitiative sein. Kernpunkt unserer Arbeit und der folgenden Anregungen sind deshalb weniger fertige Modelle oder Texte, sondern die „Drei Fragen": Zuerst die regelmäßige *Vergewisserung, was wer eigentlich feiert*, dann die Frage nach *unserem Leben* und nach dem *„Leben Gottes"*, seinem Bezug zum Leben und zur Schöpfung. Dieses dreigestufte und gleich bleibende Herangehen an jegliche liturgische Feier ist eine übersichtliche und zugleich wesentliche Hilfe zur Gestaltung von gottesdienstlichen Feiern, die sowohl liturgie- als auch gemeindegerecht sind.

Die wenigen ausgeführten Modelle sind als Muster und Beispiele gedacht. Sie sind oft auch viel zu aufwändig oder zu detailliert gestaltet, als dass sie direkt übernommen werden könnten. Sie wollen aber die Breite an Möglichkeiten zur Gestaltung von Gottesdiensten aufzeigen. Und sie wollen Mut machen, ausgehend von einer fundierten Reflexion – im Liturgiekreis oder auch alleine – selbst situationsgerecht, kreativ und detailliert Gottesdienste vorzubereiten.

Der *erste Hauptteil* des Buches legt die *Grundlagen* für die Arbeit des Liturgiekreises, indem er Grundwissen vermittelt, die Aufgaben des Liturgiekreises beschreibt und – nicht zuletzt – die „Drei Fragen" der Gottesdienstvorbereitung vorstellt. Der *zweite Hauptteil* bietet dazu *Konkretionen*. Er thematisiert verschiedene Gottesdienstformen – vor allem ausführlich die Eucharistiefeier in ihren einzelnen Teilen – und klärt, wie hier die praktische und fundierte Vorbereitung an Hand der „Drei Fragen" geschehen kann.

Die Erfahrung zeigt uns, dass mit einem gesunden „Know how“ und der richtigen Fragestellung vielen geholfen ist, die liturgisch tätig sind. Entscheidend aber bleibt der rechte spirituelle Zugang, der Respekt vor Gott und vor den Menschen, denen Liturgie dienen will.

Wenn diese Haltung spürbar wird und wir dazu beitragen können, dass dieser Geist die Vorbereitung in Liturgiekreisen prägt, dann hat dieses Buch seinen Sinn erreicht ...

Innsbruck, Pfingsten 2003

Paul Mascher
Christian Nuener
Thomas H. Böhm

Grundlagen

Die Gemeinde feiert Gottesdienst – Eine pastoral-liturgische Einführung

Gottesdienst im Gemeindeleben

Jede Gemeinde, und sei sie noch so klein und armselig, ist Kirche im vollen Sinn. Sie steht mitten in der Welt und hat Christus als ihre Mitte.

Durch den Vollzug der Grundfunktionen *Verkündigung* (martyria), *Nächsten- und Weltdienst* (diakonia) sowie *Gottesdienst* (leiturgia) bildet die Gemeinde Gemeinschaft und erhält sie (koinonia).

Kein Christ hat seinen Glauben aus sich heraus „geboren", er hat ihn empfangen durch Gnade, konkret in der *Gemeinschaft der Gläubigen* der Pfarrgemeinde, der Diözese und der Weltkirche. Ohne diese Verbindung der Gläubigen untereinander ist das Leben in Nachfolge für den Einzelnen und die Einzelne nicht denkbar. Zur Pflege dieser Gemeinschaft, die wesentlich mehr ist als Geselligkeit, sind alle Glieder der Gemeinden aufgefordert. Zum Schutz und zur Gewährleistung der Einheit der Gläubigen mit Christus, untereinander, mit der ganzen Kirche und des Stehens in der Welt ist der jeweilige Gemeindeleiter berufen und bestellt.

Wichtig ist bei den Grundfunktionen, dass sie nicht isoliert nebeneinander stehen, sondern vielfältig miteinander verbunden sind und voneinander abhängen. Wie verhalten sich nun die Grundfunktionen im Gemeindeleben zueinander? Welche Stellung im Gemeindeleben kommt dabei insbesondere dem Gottesdienst zu?

- In der *Verkündigung* bezeugen die einzelnen Christen wie auch die Gemeinden und die ganze Kirche die Frohen Botschaft von Jesus Christus in ihrem konkreten Umfeld und in der Welt. Menschen hören die Frohe Botschaft, nehmen sie auf und folgen Jesus Christus nach, zusammen mit der Gemeinde.
- Diese Nachfolge Jesu drückt sich aus im *Nächsten- und Weltdienst*. Die Diakonie ist die Umsetzung des in der Verkündigung Gehörten und Angenommenen in konkretes Tun. In der Verkündigung erfahren Christen, dass Liebe niemals verloren gehen kann, sondern zur Auferstehung führt. Der Nächsten- und Weltdienst macht die „Probe aufs Exempel", er wagt Liebe – im Extremfall auch um den Preis der Verfolgung und des Todes ...
- Der *Gottesdienst* fasst das Gemeindeleben, das Zeugnis der gelebten Diakonie der einzelnen Christen und der Gemeinde zusammen und stellt es in den Rahmen des Ursprungs und der Hoffnung dieses Lebens. Zentral ist das Gedächtnis der Verheißungen und Heilstaten Gottes, die sich besonders in Leben und Sterben Jesu zeigen. Es ist auch die immer wiederkehrende Erinnerung an den persönlichen und gemeindlichen Ursprung des Glaubens, aus dem das konkrete Leben fließt. Die Liturgie zeigt nichts Neues auf, sondern sie bringt das, was Gott bereits getan hat und tut, in Verbindung zum Leben der Gemeinde und der Welt. Damit geschieht durch das In-Verbindung-Treten mit der „Welt Gottes" und der „Welt der Anderen" zugleich eine „Verwandlung" unseres eigenen Denkens, Glau-

bens und Handelns. Der Gottesdienst setzt Verkündigung und Nächstendienst voraus. Die Liturgie hat ihren Sinn wesentlich darin, dass die Christen in der Feier ihren Glauben und ihre Hoffnung stärken sowie auch Gemeinschaft in der Gemeinde und als Kirche bewahren und vertiefen. Im Gottesdienst kommt jenes „Leben der Gläubigen" zur Sprache und zur Darstellung, das außerhalb und vor der Liturgie gelebt wird. Er gibt aber auch einen Anstoß zur Weiterpflege dieses Lebens, wenn es sein muss auch korrigierend, weil uns aus dem Leben Gottes, das sich in der Liturgie dem eigenen Leben „dazugesellt", eine neue Orientierung erwächst. Wie das Wort Gottes soll auch Liturgie unser persönliches und gemeindliches Leben aufrichten (bestärken), ausrichten (orientieren) und richten (zurechtweisen).

- Sendung der Kirche und jeder Gemeinde ist es, in Christus gleichsam das Sakrament, das meint Zeichen und Werkzeug der innigsten Vereinigung der Menschen mit Gott und der ganzen Menschheit zu sein – so sagt es die Kirchenkonstitution „Lumen gentium" des Zweiten Vatikanischen Konzils (vgl. LG 1). In der Liturgie, umfassend in der Feier der Eucharistie, wird diese Sendung für die jeweilige Gemeinde in ihrer jeweiligen Situation vorgestellt und dankend und bittend angenommen. Damit hängt die Liturgie, die die Gemeinschaft mit Gott und untereinander feiert und erbittet, eng mit der *Gemeinschaftsbildung und -erhaltung* zusammen.

Zum Verhältnis von Gottesdienst bzw. Liturgie zu den anderen Grundfunktionen Verkündigung, Diakonie und Gemeinschaftsbildung bedeutet dies nochmals pointiert und konkret:

- Die Liturgie setzt Verkündigung und Diakonie voraus.
- Die Liturgie als Feier des Glaubens befähigt und motiviert aber zugleich zum Nächstendienst und zur Gemeinschaftsbildung.
- Die Liturgie ist selbst immer nur Darstellung des Glaubens, nicht dessen Verwirklichung.
- Die Liturgie stellt sowohl das Ideal der Berufung von Kirche wie auch den realen Zustand der Gemeinde und Kirche dar.

Was ist Gottesdienst?

Gott lebt mit den Menschen. Unsere christlichen Gottesdienste bringen diese Realität rituell konzentriert zum Ausdruck. Gottesdienste stellen das Leben der Menschen und das Leben Gottes dar, sie zeigen ihre Annäherung und ihre Beziehung zueinander. All das, was das Leben der Menschen ausmacht, und so, wie Gott zu den Menschen ist, wird in Worten, Zeichen und Handlungen ausdrücklich gemacht und zueinander gestellt. Form und Gestaltung des Gottesdienstes sollen ermöglichen, dass sich die Wirklichkeit Gottes und die Wirklichkeit der Menschen begegnen.

Die folgenden Fragen, Vorstellungen und Bilder, an denen sich Liturgie gestaltende Personen und Gruppen orientieren können, wollen sich dem Hintergrund und der Bedeutung gottesdienstlichen Feierns annähern.

„Gottesdienst“: Wer dient wem?

Das Wort „Gottesdienst“ lässt die Frage „Wer dient wem?“ offen. Dienen die Menschen Gott oder Gott den Menschen?

Grundlagen des christlichen Glaubens sind die Erfahrung und das daraus resultierende Wissen, dass Gott sich selbst zuerst den Menschen zuwendet. Gott schließt einen Bund mit den Menschen, Gott heilt, Gott solidarisiert sich mit den Ärmsten, Gott ist Erlöser ... Seine Zuwendung zu den Menschen – sein „Dienst“ an ihrem Heil – ist zuerst und grundlegend. Deutlich wird dies auch beim letzten Abendmahl, als nicht die Jünger und Jüngerinnen Jesus, sondern Jesus ihnen die Füße wäscht (vgl. Joh 13,1–20).

Gottesdienst ist die liturgische Antwort der Menschen auf den zuvorkommenden „Dienst“ Gottes. Er feiert diese Zuwendung Gottes zur Welt und zu den Menschen. Er ist Antwort im Danken, Loben und im vertrauenden Bitten.

Die lebendige (außerliturgische) Antwort auf das von Gott geschenkte Heil besteht in der Nachfolge Jesu, sie soll sich im Dienst der Menschen aneinander zeigen „Wenn nun ich, der Herr und Meister, euch die Füße gewaschen habe, dann müsst auch ihr einander die Füße waschen“ (Joh 13,14). Bzw.: „Liebt einander! Wie ich euch geliebt habe, so sollt auch ihr einander lieben“ (Joh 13,34).

Unchristlich wäre jede Vorstellung von Gottesdienst (und Glauben), die davon ausgeht, dass die Menschen Gott einen Gefallen – einen „Dienst“ – tun müssten, damit er sich ihnen zuwendet. Aber die entgegen gesetzte Haltung des Sich-Beschenken-Lassens ist heute nicht immer einfach. Die Schwierigkeiten, welche wir vielfach mit dieser Glaubenshaltung und Gottesvorstellung haben, liegen daran, dass es uns schwer fällt, uns beschenken zu lassen – einfach so, *gratis.* („Gratia“ ist im Lateinischen das Wort für „Gnade“, für das Geschenk Gottes.) Gerade deshalb ist es wichtig, darauf hinzuweisen: Die *Annahme* der Zuwendung Gottes zu unserem Heil ist der fundamentale Zugang zum Leben in der Nachfolge.

„Gottesdienste“ sind Begegnungsräume

Gottesdienste sind Begegnungsräume, innerhalb derer sich das Leben der Gläubigen und das Leben Gottes berühren sollen. Das Leben Gottes lässt sich in verschiedensten Ausrichtungen durch Zeichen und Symbole und vor allem durch die Zeiten und Feste des Kirchenjahres mit den dazugehörigen Lesungen aus der Heiligen Schrift fassen. So kann das Leben Gottes mit dem Leben der Menschen „korrespondieren“, d.h. mit ihm in Beziehung treten und es bereichern.

Die Form und die Gestaltung der Liturgie können die Begegnung zwischen Gott und den Menschen erleichtern oder erschweren. Damit die Begegnung gelingt, muss beides – das Leben der Menschen und das Leben Gottes – dort seinen Ausdruck finden, d.h. zur Sprache kommen, durch Symbole und Handlungen augenscheinlich werden. Gottesdienst zu gestalten ist der Versuch, einen Rahmen zu schaffen, in dem Gott und die anwesenden Menschen gut da sein und sich begegnen können.

Die Begegnung selbst ist nicht machbar oder gestaltbar. Sie liegt in der Freiheit Gottes und der Freiheit der Menschen. Die Liturgie kann natürlich auch nie die Fülle des Lebens Gottes wie die Fülle des Lebens der Menschen ausdrücken oder thematisieren. Gottesdienste sind in ihrer Gestaltung deshalb *immer bruchstückhaft*.

Gottesdienste sind „Versammlungen von Leben"
Bei den christlichen Gottesdiensten versammeln sich nicht nur einzelne Gläubige untereinander und mit Jesus Christus. In ihnen „versammelt" sich vielmehr das ganze Leben: die Lebensbezüge und Lebensgeschichten der Gläubigen, ihre Freuden, Hoffnungen, Sorgen und Ängste, die Lebenden und auch die Toten, die sie in ihren Gedanken „mitbringen". Dazu „versammelt" sich im Gottesdienst auch das Leben der Gemeinde, der Kirche und der Welt. Vielfältige und weit reichende Dimensionen von Leben „kommen zusammen", um Orientierung, Stärkung und Begegnung zu erfahren.

Gottesdienste sind „Rastplätze"
Bei einer Rast ist es möglich, zur Ruhe zu kommen, sich zu erholen und zu schauen, wie es allen geht, die miteinander auf dem Weg sind. Sie dient auch dazu, die Karte herauszuholen und zu erkunden, ob der Weg noch stimmt und damit Orientierung zu gewinnen. Ohne Rast ist es u. U. auch nicht möglich, den Weg fortzusetzen. Daher gehören Rastplätze notwendig zum Weg, sie sind aber nicht der Weg selbst.

Auch Gottesdienste sind nicht das christliche Leben in seiner Gesamtheit selbst. Sie sind „Versammlung" aller Lebensbezüge, sie sind die Feiern des Lebens, aber nicht das Leben selbst. Wie die Feier des Hochzeitstages nicht das Eheleben ist, so sind die gottesdienstliche Danksagung, Bitte und Fürbitte nicht das Leben. Das christliche Leben vollzieht sich wesentlich außerhalb der Gottesdienste. In der Liturgie aber wird es betrachtet und reflektiert, es orientiert sich neu.

Dennoch hat der Gottesdienst eine wesentliche und innere Beziehung zum christlichen Leben und zum Leben überhaupt. *Ohne christliches Leben gibt es keinen christlichen Gottesdienst!* Aus der gottesdienstlichen Begegnung mit Christus, mit der Gemeinde und mit der Kirche folgen für die einzelnen Christen Impulse und Wegweisungen für das Leben „nach dem Gottesdienst". Dies kann etwa ein Impuls zur Versöhnung oder zum Teilen sowie Trost oder „Friede" sein.

Gottesdienst ist immer auch „Himmel spielen"
Gottesdienste haben immer auch einen *auf die zukünftige Herrlichkeit Gottes voraus greifenden, eschatologischen Aspekt*. Das heißt, dass die Menschen dort im Voraus einüben, was sie endgültig von Gott erhoffen und erwarten dürfen. In den Gottesdiensten „spielen wir Himmel". Als Christen leben wir auf Grund einer Verheißung, der Verheißung, dass wir mit Christus auferweckt werden, wenn wir ihm nachfolgen. Diese Verheißung gilt schon für diese Welt, wird aber erst durch unsere Auferwekkung vollendet.

Gottesdienste sind idealtypische Einübungen in den Himmel. Was wir uns vom Himmel erwarten und was uns vom Reich Gottes verheißen wurde, das sollen wir in unseren Versammlungen „spielen". Nicht, damit es nur gespielt sei, sondern dass wir entdecken, dass dieses Handeln nach der Art Gottes durchaus unter uns immer wieder möglich ist. Im Himmel gibt es keine Unterschiede mehr zwischen Menschen verschiedener Hautfarben, zwischen arm und reich, zwischen Mann und Frau ... – auch das sind Dimensionen dessen, was in unseren Gottesdiensten im „Vorausgriff" zum Ausdruck kommen soll.

Wer feiert Gottesdienst?

Christus feiert mit den Menschen, die an ihn glauben, selbst den Gottesdienst, so sagt es die Liturgiekonstitution des Zweiten Vatikanischen Konzils (vgl. SC 7). Zugleich betont das Konzil, dass alle Christen voll, bewusst und tätig an den liturgischen Feiern teilnehmen (vgl. SC 14). Das Volk, die Gemeinde ist dadurch wieder Subjekt der Gottesdienste geworden.

Früher sagte man (bzw. manchmal sagt man heute noch), der Priester sei der Zelebrant (der Feiernde) und die Gläubigen „wohnten" der Messe bei. Mit den Aussagen des Konzils ist aber klargestellt, dass alle Mitfeiernden „Zelebranten" sind (und die besondere Aufgabe des Priesters darin besteht, der Feier vorzustehen). Die feiernde Gottesdienstgemeinde gehört demnach wesentlich dazu, dass ein Gottesdienst tatsächlich ein Gottesdienst ist.

Früher wurde die lateinische Sprache als Fundament für die Einheit der Kirche in der Liturgie angesehen, auch wenn dadurch das aktive Mitfeiern vielen nicht möglich war. Die Einheit in der Liturgie wird heute darin gesehen, dass alle das Gleiche – das Christusgeheimnis – im Einklang mit der Weltkirche feiern, dies aber in ihrer jeweiligen Muttersprache und auf ihre Weise tun.

Betrachtet man vorkonziliare Kirchenräume oder die entsprechende Liturgie, so sieht man, dass dort der Priester in der gleichen Blickrichtung wie die Gläubigen die Messe „las". Alle waren, jeder für sich, in einem Bild gesprochen, auf dem Weg durch das „Jammertal". Im vom Konzil geprägten Bild des pilgernden Gottesvolkes (vgl. GS 1) gleicht die Eucharistiefeier heute einer Rast auf dem Lebensweg, bei der die Menschen sich einander zuwenden, wie sich Christus ihnen zuwendet. Sie ist – im Bild gesprochen – eine Rast, bei der man sich stärkt, bespricht und neu orientiert an Christus, der den grundlegenden Weg zuerst gegangen ist und ihn mit den Menschen weitergeht.

Konnte früher ein Einzelner einem Gottesdienst „beiwohnen" und wollte er dabei allein mit seinem Herrgott sein, so „störte" ihn die Liturgie dabei nicht. Diese fand unabhängig von der Beteiligung der Einzelnen statt. Ein Gottesdienst darf heute einen einzelnen Menschen nicht in seiner isolierten Ruhe belassen. Liturgie feiern die Gläubigen als kirchliche Gemeinschaft. Die Einzelnen sind Glieder derselben und können sich nicht als davon unabhängig betrachten. Sie sind Teil der feiernden Gemeinde und sollen sich je nach ihren Fähigkeiten, Möglichkeiten und Bedürfnissen einbringen können. Sei es im Mittragen der Feier in stiller Besinnung, im Gebet und im Staunen über das Geheimnis, sei es in der Übernahme aktiver liturgischer Dienste, oder sei es im Einbringen der Lebensfreude und Unbekümmertheit, wie dies vor allem Kindern möglich ist. Dass die vielfältigen Situationen, in denen die einzelnen

Menschen als Individuen stehen, z.B. die Trauer über den Verlust eines geliebten Menschen oder die Freude über die Geburt eines Kindes ernst genommen werden und angemessen Beachtung finden, ist selbstverständlich für jeden Gottesdienst.

Das Gemeindeleben ist heute vielschichtiger geworden. Viele Menschen beteil gen sich an verschiedensten Aktivitäten, Projekten, Arbeitskreisen ... und machen christliche Gemeinschaft am Ort lebendig spürbar. Dieses Gemeindeleben, das von vielen getragen wird, soll auch in den Gottesdiensten spürbar werden. Das (Gemeinde-)Leben kann sich im Gottesdienst widerspiegeln, indem unser persönliches Leben und das der Gemeinde zur Sprache kommen, bedacht werden, vor Gott hingetragen und von Gott gewandelt, d.h. mit seiner Hoffnung „angefüllt" werden. Es geht um unser Leben, das in Zeichen, Symbolen und auch konkreten Personen in unseren Gottesdiensten sichtbar werden soll. Wer in der Gemeinde in irgendeiner Form Verantwortung trägt, sollte dies auch in der christlichen gottesdienstlichen Versammlung sichtbar werden lassen.

Viele Gemeindemitglieder – seien es erwachsene Frauen und Männer, Jugendliche oder Kinder – können im Mittun ihren gottesdienstlichen Ort finden und so das Gemeindeleben in all seinen Facetten im Gottesdienst spürbar werden lassen und diesen bereichern. Wenn sich Gemeindemitglieder als Lektoren und Lektorinnen, als Kantorinnen und Kantoren, als Ministrantinnen und Ministranten, als Kommunionhelferinnen und Kommunionhelfer, im Chor, beim Putzen oder Schmücken des Kirchenraums oder einfach auch als Mitbeterinnen und Mitbeter (!) in die Gottesdienste einbringen und so Verantwortung für das gemeinsame gottesdienstliche Tun übernehmen, so ist dies ein Zeichen dafür, dass Gemeinde lebt und sich auch weiterentwickelt. Dabei geht es dann nicht um Wichtigtuerei oder um die oft gestellte Frage, „,ob jemand würdig" genug sei. Es geht allein um die Feier kirchlicher *Gemeinschaft*, die sich mit Jesus Christus versammelt. Diese kann dann erfahrbar werden, wenn das Leben der Gottesdienstbesucher und -besucherinnen im Gottesdienst in liturgiegerechter Weise „vorkommt", sie sich angenommen fühlen und auch die Möglichkeit haben, sich in angemessener Weise aktiv einzubringen.

Rollen im Gottesdienst

Gottesdienste sind Versammlungen der Gläubigen. Versammlungen haben ihre eigenen Gesetze, die auch in den liturgischen Ordnungen ihren Widerhall finden.

Bei normalen, zivilen Versammlungen gilt zum Beispiel, dass diejenigen Personen, welche im normalen Betrieb eines Vereines Verantwortung tragen, auch in der Versammlung angemessen ihre Rolle übernehmen. So ist es bei einem Verein wie auch in der christlichen Gemeinde selbstverständlich, dass die Leiter auch der Vollversammlung vorstehen. Der Vorsitz in der Eucharistie ist dem vom Bischof ordinierten Gemeindeleiter reserviert. Leitung der Gemeinde und Vorsitz bei der Eucharistiefeier als Gemeindeversammlung gehören grundsätzlich zusammen.

Der Diakon, den es im frühen Christentum gab, sorgte sich um die Bedürftigen der Gemeinde und nahm gemeinsam mit anderen die Bedrängten im Umfeld der

Gemeinde wahr. Er hatte auch im Katechumenat – in der Vorbereitungszeit für Erwachsene auf die Taufe – Aufgaben und Kompetenzen. Natürlich durfte er auch in der Versammlung am Sonntag vor der ganzen Gemeinde das Wort ergreifen, weil er aus seiner Verantwortung und seinen Aufgaben heraus Wichtiges zu sagen hatte. Grundsätzlich entsprechen die liturgischen Rollen den Verantwortlichkeiten („Ämtern") im normalen Gemeindeleben (wie auch im zivilen Bereich).

Was für den Diakon im frühen Christentum galt, lässt sich auch in gewisser Weise auf heute übertragen. So steht es etwa den Verantwortlichen der gemeindlichen Sozialarbeit zu, Anliegen im Gebet oder die Bitte um eine Spende oder um eine Hilfeleistung in der Eucharistiefeier vorzubringen. Die Frauen und Männer des Kirchenrates, der Pfarr- bzw. Kirchenverwaltung können auch in der Versammlung die Kollekte, welche sie verwalten, einsammeln und Rechenschaft über die Verwendung der Finanzen geben. Diejenigen Gemeindemitglieder, die an einer Bibelrunde teilnehmen, können die ganze Gemeinde an ihrem Bemühen teilhaben lassen, die Heilige Schrift zu verstehen und zu deuten. Der Lektorendienst kann sinnvollerweise mit den Anliegen des Bibelkreises verbunden sein. Ebenso können auch – haupt- oder ehrenamtliche – Katecheten oder Katechetinnen eingeladen sein, von ihren Erfahrungen zu berichten und von ihrer Verantwortung und Kompetenz her eine Ansprache zu den Lesungen zu halten. Die Rolle eines Kommunionhelfers oder einer Kommunionhelferin verlangt das Vertrauen der Gemeinde und den persönlichen Bezug zur Eucharistie (Kommunion). Diese Liste lässt sich weiter fortführen und muss jeweils von der Situation einer Gemeinde her reflektiert und sinnvoll erweitert werden.

Heute ist in vielen Gottesdiensten zu erleben, dass teilweise ein ganz anderer Personenkreis in der Liturgie präsent und öffentlich tätig ist als im außergottesdienstlichen Gemeindeleben. Manche Aufgaben haben sicherlich nur mit der Liturgie zu tun (etwa Mesnerdienst). Andererseits hat diese Trennung von Gemeinderollen und liturgischen Rollen auch mit der Trennung im Verständnis vieler Gläubigen zu tun, die die Gottesdienste nicht als heilige Versammlung desselben Tuns verstehen, das sich außerhalb des Gottesdienstes abspielt. Die Zusammenführung der Rollen ist deshalb zunehmend ein Merkmal für gemeindegerechte Liturgie.

Den sonntäglichen Gottesdienst als Gemeindeversammlung leitet der Gemeindeleiter. Andere gottesdienstliche Versammlungen leiten Personen, welche in den jeweiligen Bereichen Verantwortung tragen oder dazu in Beziehung stehen. Eine Schulandacht leiten logischerweise die Katechetin oder der Katechet. Eine Anbetungsstunde leiten die Initiatoren derselben.

Ein Kommunionhelfer oder eine Kommunionhelferin trägt beispielsweise nicht unbedingt auf Grund dieses Dienstes bei der Eucharistiefeier automatisch die Krankenkommunion aus. Diesen Dienst übernehmen am besten diejenigen Gläubigen, die neben ihrem eigenen Eucharistie- und Kommunionbezug auch eine gute Beziehung zu den jeweiligen Kranken haben. Die Leitung korrespondiert mit dem Verantwortungsbereich.

Das Verhältnis der verschiedenen Gottesdienstformen zueinander

Grundsätzlich haben alle christlichen Gottesdienstformen den gleichen Sinn. Sie wollen helfen und darstellen, dass sich das Leben der Menschen und das Leben Gottes verbinden. Damit haben christliche Gottesdienste grundsätzlich zwei Pole: Das *Leben Gottes* und das *Leben der Menschen*:

- Das *Leben Gottes* ist – soweit es überhaupt darstellbar und aussprechbar ist – unendlich vielschichtig, vielfältig, jeweils neu und anders usw. Es ist nur im Ausschnitt, fragmentarisch, in kleinen „Stückchen“ zu erfassen ...
- Auch das *Leben der Menschen* ist ein Geheimnis, das nie ganz durchleuchtet werden kann – ist doch der Mensch nach „Gottes Bild“ erschaffen. Aber auch die Summe der Biografien, Situationen, Orte, Zeiten, Gemeinschaften usw., in denen sich menschliches Leben abspielt, ist praktisch „unendlich“, für den Menschen selbst nie vollständig zu erfassen.

Gottesdienste umfassen immer das Leben Gottes *und* das Leben der Menschen, jedoch in unterschiedlich umfassenden Graden. Das Gemeinsame und das Unterschiedliche zwischen Eucharistiefeiern und anderen liturgischen Feiern können folgende Grafiken verdeutlichen:

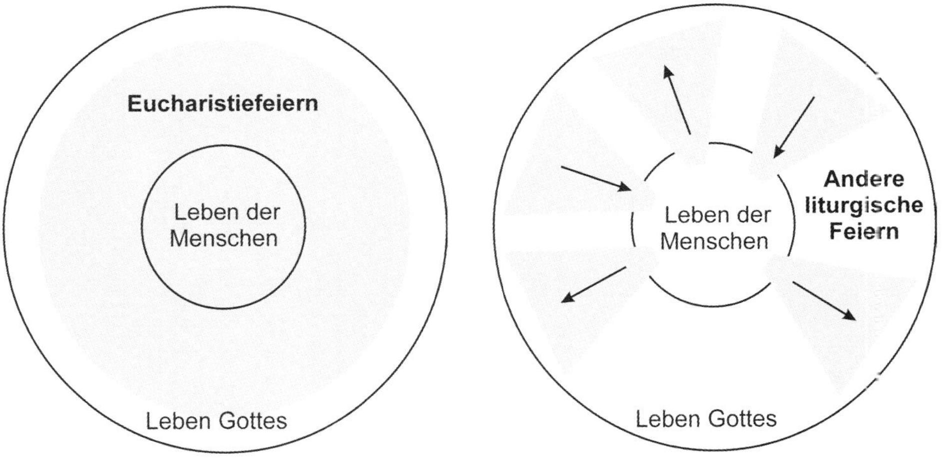

Die *Eucharistiefeier* hat den Ansatz, den ganzen Kosmos, Himmel und Erde, Zeit und Ewigkeit, das ganze Leben Gottes und der Menschen zu versammeln. Denn in ihr kommen die Menschen mit ihrem ganzen Leben zusammen, um mit Gott gemeinsam zu feiern. Ihre Mitte ist die dankbare Annahme der Offenbarung Gottes in der Geschichte: Die Eucharistie feiert die Menschwerdung Gottes in Jesus von Nazaret, in dessen Leben und Hingabe am Kreuz, und sie erwartet seiner Wiederkunft am Ende der Zeiten. Die andere Seite der Eucharistiefeier ist das Leben der einzelnen Menschen, der Gemeinschaften und der Menschheit insgesamt mit ihren Hoffnungen und Ängsten. Auch die Schöpfung gehört zu diesem Horizont.

Natürlich kommt dies alles in der Eucharistiefeier nie „auf einmal" zum Ausdruck. Durch das liturgische Jahr hindurch werden immer andere „Aspekte" der Heilsgeschichte und der Heilstaten Gottes in den Vordergrund gerückt. Ebenso kann die Eucharistie – neben der allgemeinen und auch zeitbezogenen Situation der Menschen und der Welt, die in ihr ihren jeweiligen Ausdruck findet – auch zu konkreten Situationen des Lebens der Menschen gefeiert werden (z. B. Hochzeit, Tod, Ernte). Dennoch ist die Messfeier immer offen für die gesamte Wirklichkeit Gottes und der Menschen. Dies ist bei der Gestaltung besonders zu beachten. Auch einer Hochzeitsmesse steht es beispielsweise an, über das Brautpaar und die jeweilige Situation „hinauszudenken" bzw. die Welt und Gott auch noch anders „hereinzuholen" als nur in Beziehung zur konkreten Vermählung.

Andere Gottesdienstformen nehmen bewusst nur einen mehr oder weniger großen Ausschnitt aus den Wirklichkeiten Gottes und der Menschen heraus. Eine *Rosenkranzandacht* stellt etwa einerseits verschiedene Geheimnisse des Christusereignisses vor und lässt andererseits durch ihren meditativen Charakter den Menschen Freiraum, um mit ihrem eigenen Leben dort anzuknüpfen. Eine *Laudes*, das kirchliche Morgenlob, knüpft einerseits am Naturereignis des beginnenden Tages, der aufgehenden Sonne und ihrer symbolischen Bedeutung, an: Christus, der Auferstandene, ist das Licht, das erhellt, leuchtet und durch den Tag begleiten wird. Andererseits steht das Tagwerk des Menschen vor Augen, seine erwartete Mühe und Freude. Die Tagzeitenliturgien verstehen sich auch als ein Gebet der ganzen Kirche, das die ganze Zeit erfüllen will.

Liturgiegruppen in den Gemeinden – Die Mitverantwortung der Gemeinde für die Gottesdienste

Die liturgische Entwicklung des 20. Jahrhunderts – insbesondere das Zweite Vatikanische Konzil – hat, wie schon angesprochen, die Gläubigen als Subjekte und damit *aktiv* Mitfeiernde des Gottesdienstes wiederentdeckt. Deshalb tragen interessierte Menschen für das liturgische Leben der Gemeinde (Mit-)Verantwortung. Dieses Mittun wird noch wichtiger, nachdem mittelfristig gesehen immer weniger Gemeinden einen Priester am Ort haben. Von daher kann nur mehr das Mitwirken von Liturgiegruppen ein regelmäßiges gottesdienstliches Gemeindeleben aufrecht erhalten.

Sowohl die Vorgaben des Konzils als auch die aktuelle Entwicklung legen damit nahe, dass es in den einzelnen Gemeinden Liturgiegruppen (Liturgieteams, Liturgiekreise, Gottesdienstgruppen ...) gibt. Solche Liturgiegruppen sind ein Zusammenschluss von Menschen, die sich meist auf Grund ihres gemeinsamen gemeindlichen und liturgischen Interesses finden und sich liturgisch engagieren wollen. Sinnvoll ist, wenn neben dem Pfarrer bzw. dem Gemeindeleiter oder der Gemeindeleiterin Vertreter oder Vertreterinnen der Kirchenmusik dabei sind. Dabei hat es sich oft auch bewährt, dass der Pfarrer geeignete Personen, die auf Grund ihrer persönlichen Begabungen für die Gottesdienstgestaltung wichtig sind, konkret anspricht und sie zur Mitarbeit gewinnt.

Auf jeden Fall sollte der Großteil der Mitglieder das Vertrauen der Gemeinde genießen, d.h. die Liturgiegruppe soll vom Pfarrer gemeinsam mit dem Pfarrgemeinderat als offizielle pfarrliche Arbeitsgruppe installiert sein. Als solche kann sie dann schrittweise gemeinsam mit dem Pfarrer und im Auftrag des Pfarrgemeinderates die Verantwortung für das gesamte gottesdienstliche Leben der Gemeinde übernehmen. In diesem Zusammenhang ist auch zu beachten, dass in der Zusammensetzung der Liturgiegruppe Wert auf ein gutes Verhältnis der verschiedenen Interessensgruppen (Kinderliturgie, Familiengottesdienste, „traditionelle" Gottesdienste ...) und – sofern möglich – von Frauen und Männern gelegt wird. Selbstverständlich kann und soll der Liturgiekreis dann für die Vorbereitung und Durchführung einzelner Gottesdienste Untergruppen bilden.

Aufgaben des Liturgiekreises

Eine gemeindliche Liturgiegruppe ist für die *gemeindegerechte* und zugleich *liturgiegerechte* Gestaltung und Feier der Gemeindegottesdienste verantwortlich. Dabei ergeben sich folgende *Schwerpunkte*:

- Vorrangig stehen sicherlich die Sonn- und Festtagsgottesdienste im Blick des Liturgiekreises. Die Liturgiegruppe fühlt sich aber auch für Wortgottesdienste an Sonn- und Feiertagen, wenn keine Eucharistiefeier stattfinden kann, verantwortlich und sorgt sich um die Vielfalt gottesdienstlichen Lebens an den Wochentagen in der Gemeinde.
- Die Liturgiegruppe hat die rechte Gestaltung der Feier der Sakramente (z.B. Taufe, Erstkommunion, Firmung) im Blick.

- Die Liturgiegruppe unterstützt bei der Vorbereitung und Durchführung von Gottesdiensten einzelner Gruppen in der Gemeinde. Dies können etwa Schulgottesdienste oder Kindergottesdienste sein. Der Liturgiekreis berät auch Gruppen und Gemeinschaften, die sich gottesdienstliche Formen aneignen wollen – und dies wird meist sehr dankbar angenommen.
- Die Liturgiegruppe kümmert sich um die Befähigung und Organisation der verschiedenen liturgischen Dienste (z.B. Kantoren und Kantorinnen; Lektorinnen und Lektoren, Kommunionhelfer und Kommunionhelferinnen, Krankenkommunionträgerinnen und Krankenkommunionträger; Ministranten und Ministrantinnen).
- Die Liturgiegruppe hält von sich aus Kontakt zu den verschiedensten Arbeitskreisen und Gruppierungen der Pfarre (Soziales, Bibel, Bildung ...) ebenso auch mit allen anderen Personen, die für den Kirchenraum und andere liturgisch relevante Aufgaben verantwortlich sind.
- Die Liturgiegruppe hat die grundsätzliche liturgische und geistliche Bildung der Gemeinde im Blick: Kennenlernen der Heiligen Schrift, Näherbringen der verschiedenen Formen von Liturgie (Andachten, Tagzeitenliturgie ...).

Die hier beschriebene Fülle von Aufgabenbereichen und Verantwortlichkeiten soll nicht abschrecken, sondern vielmehr die Bandbreite der Möglichkeiten aufzeigen und dazu anregen, diese – je nach Gemeinde und konkreten Möglichkeiten der Mitglieder einer Liturgiegruppe – auch zu nutzen. Den genauen Verantwortungsbereich des Liturgiekreises legt dieser gemeinsam mit dem Pfarrgemeinderat, der die Gemeinde vertritt, und dem Pfarrer fest.

Die Mitglieder des Liturgiekreises übernehmen die Verantwortung für die verschiedenen Gottesdienste der Gemeinde nicht als einzelne, sondern gemeinsam. Sie möchten erreichen, ...

- dass sich viele Menschen angesprochen fühlen, zu den Gottesdiensten zu kommen und aktiv daran teilzunehmen.
- dass sich viele Mitglieder der Pfarrgemeinde für das Gelingen des liturgischen Pfarr- und Gemeindelebens zuständig fühlen und bereit sind, Dienste zu übernehmen.
- dass gewachsene Traditionen gefördert und gepflegt werden, örtlicher und geistiger Raum für Neues geschaffen wird, Nichtpassendes jedoch sensibel ferngehalten wird.

Damit sie ihren Dienst an und in der Gemeinde angemessen wahrnehmen können, müssen sich die Mitglieder des Liturgiekreises entsprechend aus- und weiterbilden. Solche Fortbildungen werden in den meisten Dekanaten oder Diözesen angeboten.

Die Arbeit eines Liturgiekreises im liturgischen Jahr

Ein Liturgiekreis arbeitet wie das Redaktionsteam einer Zeitung. Die Inhalte kommen von außen aus dem Leben der Menschen – seien es Sorgen, Nöte, Bitten, Hoffnungen, Dank, Lobpreis – und ebenso aus der Heiligen Schrift sowie aus den Symbolen, Zeichen und Festen, die das Leben Gottes zu fassen versuchen. Es obliegt dann diesem

„Redaktionsteam" auf Grund seiner liturgischen Kompetenz, diese Inhalte der richtigen Gottesdienstform bzw. dem richtigen Gottesdienstteil zuzuordnen. Der Liturgiekreis tut damit Ähnliches wie die Zeitungsredaktion, welche die verschiedenen Inhalte dem weltpolitischen, lokalen, sportlichen oder Annoncenteil einer Zeitung zuordnet.

Diese Weise des Vorgehens bedeutet, dass der Liturgiekreis keine Inhalte neu erfinden soll bzw. muss. Vielmehr wird er durch gutes Einbinden und Nachfragen bei den Gemeindemitgliedern, bei den gemeindlichen Arbeitskreisen, bei den Sozialinitiativen usw. die Anliegen erfahren und an der richtigen Stelle in die gottesdienstliche Gemeindeversammlung einbringen bzw. einbringen lassen.

Die Schwerpunkte der Arbeit des Liturgiekreises ergeben sich aus dem Ablauf des liturgischen Kirchenjahres, das in Verbindung mit dem Gemeindeleben zu bringen und liturgisch zu gestalten ist. Eine erste Übersicht kann diesen jährlichen Kreislauf, der mit dem Beginn des Kirchenjahres am Ersten Advent jeweils einsetzt, verdeutlichen. Dabei zeigt sich schon, dass das liturgische Jahr im engeren Sinn seine Erweiterung findet und auch „außerkirchliche" Anlässe (z.B. der Beginn des bürgerlichen Jahres, der Muttertag im Mai oder das Ende des Schuljahres bzw. der Schulbeginn nach den großen Sommerferien) eine Rolle spielen.

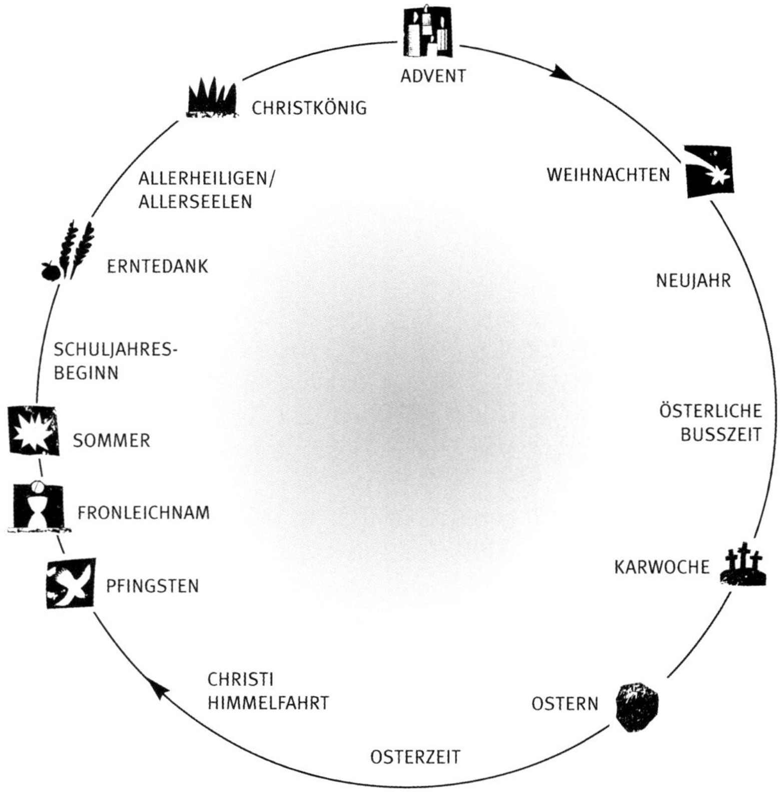

Der in der Grafik abgebildete Ablauf des „engeren" Kirchenjahres hat sich im Lauf der Jahrhunderte entwickelt. Die Erfahrungen des natürlichen Jahresablaufes mit seinen immer wiederkehrenden Jahreszeiten wurde schon in antiker Zeit religiös verstanden. Das Kirchenjahr entwickelte sich vor allem dadurch, dass man diese antiken Traditionen aufgriff und sie mit dem jüdischen Festkalender verband. Indem sie das Vorhandene nun in Bezug zu Jesus Christus entfalteten, strukturierten die christlichen Gemeinden das Jahr, die Wochen und auch Tage aus christlicher Deutung heraus neu.

Im Kirchenjahr werden demnach die verschiedenen Dimensionen des Glaubens – insbesondere aus dem Leben von Jesus Christus und seinem Erlösungshandeln – aufgezeigt und in Bezug zum Leben der Menschen gesetzt. In den zwei großen Festkreisen – dem Weihnachts- und Osterfestkreis, denen jeweils eine Vorbereitungszeit vorgelagert ist – kommen die heilsgeschichtlichen Ereignisse liturgisch besonders verdichtet zur Darstellung.

Das Kirchenjahr eröffnet mit dem Advent – dem Beginn des *Weihnachtsfestkreises* –, der von der Vorbereitung auf Weihnachten und der Erwartung der Wiederkunft Christi geprägt ist. Wenn man einen Blick auf die prophetischen Lesungstexte des Advent (vor allem auf das Buch Jesaja) wirft, zeigt sich dort in gewaltigen Bildern die Sehnsucht der Menschen nach ihrem Gott – aber viel mehr noch die Sehnsucht Gottes nach seinen Menschen und seiner Welt: Er selbst wird kommen und die Menschen erretten (vgl. Jes 35,1–6). Der Advent ist demnach eine Zeit, in der die unendlichen Sehnsüchte der Menschen und die unendlichen Sehnsüchte Gottes gefeiert werden. Verdichtet wurde dies vom heiligen Augustinus so ausgedrückt: „Begann die Menschwerdung nicht mit der Sehnsucht Gottes nach uns?" ... Im Weihnachtsfestkreis wird dann diese Menschwerdung Gottes in der Geburt Jesu (25. Dezember) und das Erscheinen der Gottheit im Menschen Jesus (6. Januar) gefeiert.

Auch der *Osterfestkreis* beginnt mit einer Vorbereitungszeit, der Österlichen Bußzeit oder Fastenzeit. Sie will die Einzelnen (Bußgedanke), aber auch die Gemeinde (Taufgedanke) auf das Osterfest, das älteste christliche Fest, vorbereiten. Im „Triduum sacrum", den heiligen drei Tagen, in denen das Abendmahl Jesu, seine Kreuzigung und Auferstehung gefeiert werden, findet die Osterzeit in der Feier der Erlösungstat Christi ihren Höhepunkt. Mit der Geistsendung zu Pfingsten endet nach der Himmelfahrt Christi der Osterfestkreis.

Die Zeit des Kirchenjahres außerhalb der zwei großen Festkreise ist vom so genannten Jahreskreis mit den Sonntagen des Jahreskreises und ihrer jeweiligen biblischen Ausrichtung in den Lesungen geprägt. Die geschichtliche Entwicklung hat das Kirchenjahr zudem mit einer Vielfalt einzelner Feste, die bestimmte heilsgeschichtliche Ereignisse in den Blick nehmen, angereichert (z.B. Allerheiligen, Christkönig). Daneben entwickelten sich kirchliche Feste, die von menschlichen Erfahrungen ausgingen und diese in Bezug zur Heilsgeschichte setzten (z.B. Erntedankfest). Deshalb ist es auch heute sinnvoll – wie in der obigen Grafik teilweise angedeutet –, neue Anlässe (z.B. den Beginn des bürgerlichen Jahres oder des Schuljahres) im „Kirchenjahr“ zu feiern. Zugleich gedenkt die Kirche über das Jahr verteilt ihrer Heiligen, jener Menschen, die in ihrem Glauben und Handeln für die Nachwelt besondere Bedeutung haben.

Im Einzelnen ergibt sich folgender Ablauf der gottesdienstlichen Feiern, die das Kirchenjahr begleiten. Die Ordnung und die Übersicht nach Monaten (hier kann es natürlich je nach Jahr bzw. abhängig von der Region Verschiebungen geben) sollen die Planung und die konkrete Arbeit im Liturgiekreis erleichtern. Dabei sind außerhalb der kirchlichen Hochfeste nicht alle Anlässe, die unten aufgeführt sind, in jeder Gemeinde zu begehen bzw. gleich aufwändig zu feiern. Hier werden immer auch die örtliche Tradition und die Frage: „Was ist uns in der Gemeinde besonders wichtig?“, eine Rolle spielen. Um die Feste richtig einzuschätzen, sind wichtige und wesentliche Anlässe unten kursiv hervorgehoben.

Dezember
- Adventskranzweihe
- Sonntage des Advent
- Rorate-Messen
- Buß- und Versöhnungsgottesdienste
- Advent-Andachten
- Fest der hl. Barbara (Barbarazweige)
- Fest des hl. Nikolaus (Nikolauseinzug)
- *Wortgottesdienst mit Kindern am 24. Dezember*
- *Mette in der Heiligen Nacht*
- *Hochfest der Geburt des Herrn*
- Fest der Unschuldigen Kinder (Kindersegnung)
- *Jahresschluss-Gottesdienst*

Januar
- *Hochfest der Gottesmutter Maria (Neujahr)*
- *Erscheinung des Herrn (Sternsinger)*
- Taufe des Herrn (Tauferneuerung)
- Weltgebetswoche für die Einheit der Christen (Ökumenischer Gottesdienst)

Februar
- Darstellung des Herrn – Maria Lichtmess (Kerzenweihe – Kindersegnung)
- Fest des hl. Blasius (Blasiussegen)

März
- *Aschermittwoch (Aschenweihe und -auflegung)*
- Die vierzig Tage der Österlichen Bußzeit (Tauferneuerung, Umkehr und Buße, Versöhnung)
- *Fastensonntage*

April

- *Palmsonntag (Palmweihe, Prozession, Passion)*
- *Gründonnerstag (Abendmahlsmesse mit „Fußwaschung“, „Nachtwache“)*
- *Karfreitag (Liturgie vom Leiden und Sterben Christi, Kreuzwegandacht, Kreuzverehrung)*
- Karsamstag (Trauermette, Heiliges Grab)
- *Osternacht (Feier der Auferstehung Christi)*
- *Ostersonntage (diverses Osterbrauchtum)*
- Weißer Sonntag (Erstkommunion)

Mai

- Maiandachten
- Tag der geistlichen Berufe
- Muttertag
- *Christi Himmelfahrt*
- Bittgänge
- Pfingstnovene
- *Pfingsten*
- Firmung

Juni

- *Fronleichnam (Prozession)*

Juli

- Schulschlussgottesdienste
- Gottesdienste während der Urlaubszeit (Ferienordnung, Sonntagsgottesdienste ohne Priester, je nach Region Gäste/Touristen im Gottesdienst)
- Christophorussonntag (Fahrzeugsegnung)

August

- *Fest Mariä Himmelfahrt*

September

- Gottesdienste zum Schulbeginn

Oktober

- Rosenkranzandachten
- *Erntedankgottesdienst*
- Sonntag der Weltkirche (3./4. Welt)

November

- *Allerheiligen, Allerseelen (Fest der Gemeinschaft bei Gott, Gräberbesuch und Gräbersegnung)*

- Fest des hl. Martin (Laternenumzug der Kinder)
- Fest der hl. Cäcilia (Musik, Kirchenmusik)
- Christkönigsonntag

Struktur und Arbeitsweise von Liturgiekreisen

Sicherlich wäre es oft leichter und ginge manchmal sogar schneller, einen Gottesdienst alleine vorzubereiten. Das bisher geschilderte – vor allem vom Zweiten Vatikanischen Konzil ausgehende – Wesen von Liturgie verlangt aber geradezu das Bemühen, mehr Menschen in die Feier und damit auch in die Vorbereitung der Liturgie mit hineinzunehmen und so die versammelte Gottesdienstgemeinde als Trägerin jeder Liturgie ernst zu nehmen.

Von daher ist es auch vorrangige Aufgabe des Liturgiekreises, regelmäßigen Kontakt mit möglichst vielen pfarrliche Gruppen und Personen zu halten und sie bzw. ihre Anliegen angemessen – vor allem – in die sonntägliche gottesdienstliche Gemeindeversammlung einzubringen.

Um die Arbeitsweise des Liturgiekreises zielführend zu gestalten, haben sich folgende Grundsätze bewährt:

- Der Liturgiekreis soll nicht zu wenige, aber auch nicht zu viele Mitglieder haben. Ideal und gut arbeitsfähig ist eine Gruppe von sechs bis zwölf Personen. Diese können sich bei der Übernahme konkreter Vorbereitungsaufgaben gut in Untergruppen aufteilen.
- Notwendig für den Liturgiekreis ist eine gute Aufgabenbeschreibung, die mit dem Pfarrgemeinderat zu vereinbaren ist. Um den Liturgiekreis nicht zu überfordern, können dessen Aufgaben auch nach und nach erweitert werden. Im Gründungsjahr kann beispielsweise „nur“ die Gestaltung von Hochfesten vorgesehen werden. Später kommen dann – je nach Auslastung – weitere Aufgaben- und Verantwortungsbereiche hinzu.
- Der Liturgiekreis soll einen Leiter bzw. eine Leiterin bestellen. Dieser bzw. diese fungiert als Kontaktperson hin zum Pfarrgemeinderat, bereitet sinnvollerweise gemeinsam mit dem Gemeindeleiter die Zusammenkünfte und Tagesordnungen vor, lädt zu den Treffen ein und leitet diese.
- Von der Sitzungshäufigkeit her sollten jährlich mindestens sechs Zusammenkünfte des gesamten Liturgiekreises möglich sein. Dabei hat sich zu Beginn eines jeden Arbeitsjahres die gemeinsame Erarbeitung einer Jahresplanung bewährt, die am Ende des Arbeitsjahres kritisch reflektiert werden sollte.
- Es ist hilfreich, wenn die Zusammenkünfte des Liturgiekreises selbst eine klare, übersichtliche Struktur haben: So sollten die Beteiligten pro Sitzung jeweils ein eher grundsätzliches Schwerpunktthema besprechen, um so neben der konkreten Vorbereitungsarbeit grundsätzlichere Überlegungen nicht zu vergessen. Dies kann z.B. die Einführung „neuer“ gottesdienstlicher Formen sein, die Auseinandersetzung mit gottesdienstlichen Richtlinien beinhalten, die Aus- und Weiterbildung pfarrlicher liturgischer Dienste oder auch das gemeindliche Liedgut zum Thema

haben. In einem weiteren Hauptpunkt nimmt dann der Liturgiekreis das anstehende gottesdienstliche „Programm“ des Kirchenjahres in den Blick. Die konkrete Vorbereitung und Gestaltung der einzelnen Feiern übernehmen dann Untergruppen.

- Als sehr wichtig und wohltuend haben sich auch gemeinsame Weiterbildungen und Zeiten des gemütlichen Beisammenseins bewährt. So kann z. B. im Jahresprogramm eines Liturgiekreises eine gemeinsame Bildungsfahrt – mit kurzen liturgischen Impulsen, Besichtigungen und gemütlichem Rahmenprogramm – verankert sein.
- Zur konkreten Vorbereitung und Feier von Gottesdiensten ist eine kleine „Fachbibliothek“, die von der Pfarrgemeinde zur Verfügung gestellt wird, sehr hilfreich. Neben der Heiligen Schrift, den Lektionaren (Evangeliaren), die in jeder Sakristei zu finden sind, sollten dabei auch eine oder mehrere vollständige Ausgaben des Schott-Messbuches nicht fehlen. Manche praktisch orientierte Fachzeitschrift (z. B. „Gottesdienst“) ist der konkreten Arbeit, aber auch dem liturgischen Hintergrundwissen sehr dienlich.

Die Vorbereitung von Gottesdiensten – Die „Drei Fragen“

Das „Leben Gottes“ und das Leben der Menschen

In den Gottesdiensten jeglicher Art werden Inhalte liturgisch-symbolisch dargestellt. Diese Inhalte werden – wie schon angesprochen, aber hier nochmals aufgegriffen – aus dem Leben Gottes und aus dem Leben der Menschen genommen.

- Aus dem *„Leben Gottes“* meint alles, was wir von Gott aus der Offenbarung, aus dem Schatz der Theologie und der Frömmigkeit der Kirche sagen können. Dazu gehören vor allem das Wort Gottes ebenso wie die Inhalte der Sakramente, welche die Sakramententheologie darstellt; aber auch die Theologie, die Frömmigkeitsliteratur usw. Obwohl Gott immer unbegreifbar bleibt und nie darstellbar ist, erkennen und kennen wir doch „Lichtpunkte“ seines Wesens auf Grund seiner Selbstmitteilung. Dazu gehört auch das Wirken Gottes an einzelnen Menschen, den Heiligen. Hier gilt, wie es der Lobpreis Mariens ausdrückt: „Der Mächtige hat Großes an mir getan“ (Lk 1,49).
- Aus dem *Leben der Menschen* konkretisiert die Konstitution *Gaudium et Spes* des Zweiten Vatikanischen Konzils über „die Kirche in der Welt von heute“. Dort heißt es: „Freude und Hoffnung, Trauer und Angst der Menschen von heute, besonders der Armen und Bedrängten aller Art, sind auch Freude und Hoffnung, Trauer und Angst der Jünger Christi. Und es gibt nichts wahrhaft Menschliches, was nicht in ihrem Herzen seinen Widerhall fände“ (GS 1). Diese Aussage kann, auf die Gottesdienste bezogen, nur lauten: „Und es gibt nichts wahrhaft Menschliches, was nicht in den Gottesdiensten der Gemeinden Christi seinen Widerhall findet.“ Daraus folgt: Alles, was Menschen betrifft und bewegt, ist grundsätzlich gottesdiensttauglich.

Form, Anlass und situatives Umfeld des Gottesdienstes

Die konkrete Gottesdienstform und die liturgische Zeit, aber auch die konkrete Situation der Gemeinde sind entscheidend für alle weiteren Überlegungen zur Gottesdienstvorbereitung.

Hier verdient die *Form des Gottesdienstes* eine erste Aufmerksamkeit. So ist beispielsweise die Eucharistiefeier – vor weiteren detaillierteren inhaltlichen Überlegungen – Danksagung: Dank für Jesus Christus, Gedächtnis an die Heilstaten Gottes, insbesondere an die größte Heilstat, das Erlösungswerk Christi. Eine Kreuzwegandacht etwa hat dagegen von sich aus den Leidensweg Jesu mit seinen menschlichen Begegnungen als Inhalt.

Ebenso prägen auch *Feste, Festzeiten oder Zeiten* den Gottesdienst mit. Eine Eucharistiefeier am Sonntag – am Tag der „Schöpfungsruhe“, der Auferstehung, der Gemeindeversammlung – hat beispielsweise einen anderen Charakter als eine Werktagsmesse. Oder klarerweise unterscheiden sich Adventgottesdienste auch inhaltlich von den Gottesdiensten der Osterzeit.

Nicht zuletzt gilt es, das *konkrete Umfeld der Gemeinde* sowie die *Zusammensetzung der konkret versammelten Gemeinde* eines Gottesdienstes mit ihren Anliegen im Auge zu behalten. So bringen beispielsweise vorwiegend akademische Besucher und Besucherinnen im städtischen Raum eine andere Lebensrealität ein als Mitfeiernde mit bäuerlichem Hintergrund. Ältere Menschen etwa erleben die Welt anders als Kinder und haben andere Anliegen. Zu diesen Überlegungen gehört auch die aktuelle Situation der Gemeinde bzw. der zum Gottesdienst Versammelten. Besteht etwa ganz akut die Gefahr eines Hochwassers, bringt dies andere Aspekte des Lebens in das Blickfeld als wenn viele Menschen der Gemeinde gerade etwa in die großen Ferien aufbrechen.

Die Gottesdienstvorbereitung des Liturgiekreises in drei Schritten

Aus dem bisher Gesagten lassen sich für die Vorbereitung von Gottesdiensten drei entscheidende Schritte ableiten. Diese sind nicht reduzierbar und für eine stimmige Gottesdienstvorbereitung damit unverzichtbar.

Erste Frage: Was feiern wir?

Hier sind konkret folgende Fragen zu reflektieren und zu beantworten:

- Welche Inhalte werden durch die Form des Gottesdienstes (Eucharistiefeier, Wortgottesdienst, Stundengebet, Kreuzwegandacht ...) vorgegeben?
- Welche Inhalte werden durch das liturgische Jahr, die Jahreszeit, den Wochentag und die Tageszeit vorgegeben?
- Gibt es einen besonderen Anlass (Todesfall, Hochzeit, Erntedank, ein Jubiläum vor Ort, Kriegsgefahr ...)?
- Welchen Grundcharakter soll der Gottesdienst haben (festlich, fröhlich, besinnlich ...)?
- Welche Mitfeiernden sind zu erwarten (Kinder, Jugendliche, ältere Männer und Frauen, kirchlich gut sozialisierte oder eher „fern stehende“ Menschen ...)?

Zweite Frage: Was aus unserem Leben bewegt uns?

Diese Frage zielt v.a. in zwei unterschiedliche Richtungen. Hier sind gegebenenfalls auch noch einmal die konkreten Anlässe der Gottesdienstfeier (wie sie mit der ersten Frage angesprochen wurden) einzubringen.

- Was gibt mir/uns Hoffnung – im Leben und im Lebensumfeld der *Einzelnen*, im Leben der *Gemeinde* und im Leben der *Welt*?
- Was macht mich/uns traurig oder erfüllt uns mit Sorge, Hoffnung – im Leben und im Lebensumfeld der *Einzelnen*, im Leben der *Gemeinde* und im Leben der *Welt*?

Dritte Frage: Was aus dem „Leben Gottes“ bewegt uns?

Bei dieser Frage geht es darum, zu erfahren und zu reflektieren, was die Frohe Botschaft von Gott in die konkrete Situation hinein „spricht“.

Deshalb ist hier auch noch einmal die erste Frage aufzugreifen und vom konkreten „Angesprochen-Sein" her zu vertiefen: Was *bewegt uns* von der Form und vom Anlass der Feier her? Im Blick auf die für den konkreten Gottesdienst vorgesehenen Lesungstexte – die vorher gemeinsam zu lesen bzw. zu hören sind – ergeben sich weiterhin drei Fragerichtungen:

- Was *richtet* mich/uns *auf* (stärkt uns)?
- Was *richtet* mich/uns *aus* (gibt uns Orientierung)?
- Was *richtet* mich/uns (weist uns zurecht)?

Der Zusammenhang der Themen und der drei Fragen

Die eben vorgestellten drei Fragen lassen sich in ihrer Beziehung zu dem oben vorgestellten Thema „Leben Gottes – Leben der Menschen" und in ihrer Zuordnung zueinander beschreiben.

In der *ersten Frage* werden – unter eher formalen Gesichtspunkten – bereits Themen des „Lebens Gottes" und des Lebens der Menschen vorläufig angesprochen. In der *zweiten Frage* wird dann konkret das Leben der Menschen mit dem, was in der konkreten Situation des Gottesdienstes bewegt, thematisiert. Die *dritte Frage* wendet sich dem „Leben Gottes" zu und fragt, was es in die konkrete Situation hinein zu sagen hat. Stellt man das eben Gesagte grafisch dar, so zeigt sich die Reihenfolge der Fragen, die nacheinander reflektiert und beantwortet werden sollten. Hier werden aber auch ihr Zusammenhang und ihre gegenseitige Abhängigkeit – angedeutet durch ein Dreieck – deutlich, weil die einzelnen Fragen ineinander greifen und nur in ihrem Zusammenspiel Gottesdienstvorbereitung umfassend gelingt:

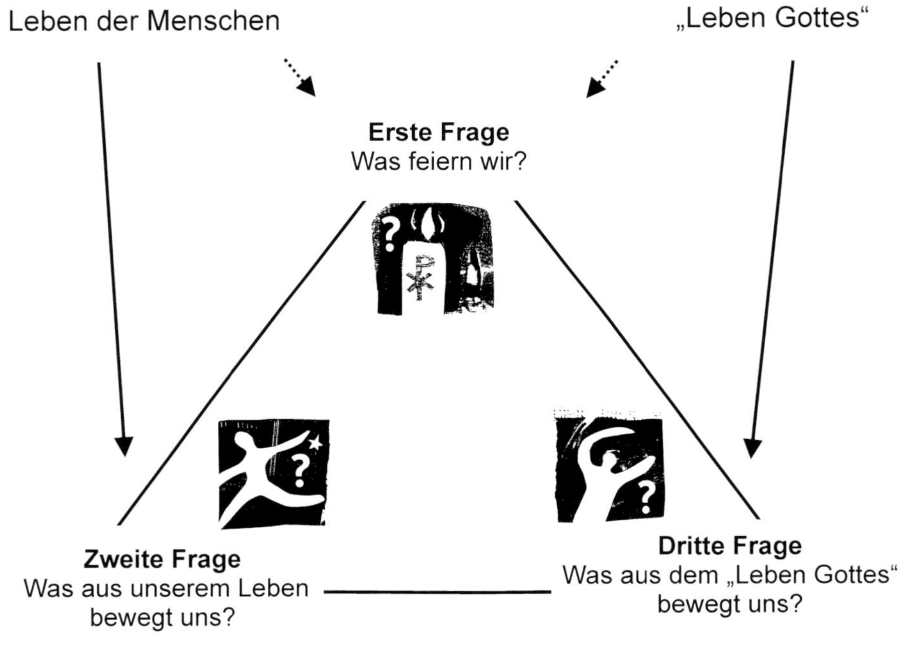

Die konkrete Arbeit mit den drei Fragen

Der Liturgiekreis bzw. die konkret den Gottesdienst vorbereitende Gruppe reflektiert die drei Fragen und erstellt zu jedem Einzelschritt ein kurzes Stichwortprotokoll. Dabei sollten die großen Frageblöcke streng in der angegebenen Reihenfolge behandelt werden. Ganz besonders wichtig ist es, die zweite vor der dritten Frage zu beantworten. Sonst sieht man die Frage nach dem konkreten Leben fast nur noch unter der Perspektive der Lesungstexte aus der Heiligen Schrift – dadurch könnten gegebenenfalls wichtige Themen des menschlichen Lebens verdrängt werden.

Ebenso wichtig ist es, die erste Frage, die so einfach zu beantworten zu sein scheint, sich immer wieder neu zu stellen. Was die Eucharistie feiert, ist liturgisch Tätigen schon klar. Und trotzdem wird Selbstverständliches durch das Aussprechen wieder bewusst und manchmal auch erneuert erfahren.

Die stichwortartige Niederschrift, die nach dem vollständigen Reflektieren der drei Fragen vorliegt, dient als Grundlage und als „Fundus" für die inhaltliche Gestaltung der einzelnen Gottesdienstteile.

Zur Verdeutlichung: Eine Mitschrift

Das eben Gesagte wird deutlicher, wenn man sich konkret eine Mitschrift, die aus der Reflexion der drei Fragen entstand, anschaut. Deshalb ist hier beispielhaft eine Mitschrift zur Vorbereitung der Eucharistiefeier am 3. Fastensonntag (Lesejahr B) angeführt:

Erste Frage: Was feiern wir?

- Eucharistie am 3. Fastensonntag
- Danksagung
- Sonntag als Ostertag auch in der Fastenzeit
- Teilen und Gemeinschaft mit Jesus und untereinander
- Erstbeichte der Erstkommunionkinder in der nächsten Woche
- Anwesend: Besonders wenig Kinder – weil Schitag
- Letzten Sonntag gab es die Fastensuppe

Zweite Frage: Was aus unserem Leben bewegt uns?

- *Was gibt mir/uns Hoffnung?*
  In meinem Leben: gute Entwicklung des Sohnes; eine neue Mitarbeiterin: baldiges Ende der Hochsaison im Tourismus
  In meinem/unserem Lebensumfeld: ein Ehepaar, das eine Beziehungskrise hatte, hat sich wieder gut zusammengefunden
  Im Leben der Gemeinde: Spendenfreudigkeit ist sehr hoch; die Kinder, die sich auf die Erstkommunion vorbereiten, sind religiös neugierig; der Wahlkampf hat die Menschen nicht entzweit

Im Leben der Welt: es gibt mutige Menschen bei großen Krisen; die Hilfsprojekte der Frauenbewegung sind großartig; die Haltung der Menschen zum Krieg ist ermutigend

- *Was macht mich/uns traurig, erfüllt mich/uns mit Sorge?*
  In meinem Leben: meine Sucht, das Rauchen; die oft längere Trennung von der Familie wegen der Arbeit; wir als Eltern eines betroffenen Kindes haben wenig Möglichkeit, bei der Erstkommunionvorbereitung mitzureden
  In meinem/unserem Lebensumfeld: stark resignative Einstellung in Bezug auf Umwelt; Flegeleien, die ich erlebt habe, und Ratlosigkeit gegenüber diesen Flegeleien
  Im Leben der Gemeinde: den Sinn von Eucharistie (aktuell wegen der Erstkommunionvorbereitung) wollen manche nicht wissen
  Im Leben der Welt: man hört viel von Rüstung, aber sehr wenig von Friedensforschung; die Situation in Afrika wird gegenüber anderen Ereignissen und Katastrophen in der Welt oft vergessen

Dritte Frage: Was aus dem „Leben Gottes“ bewegt uns?

- *Was bewegt mich/uns vom Inhalt der Feier her:*
  Halte ich als Kommunionhelfer Christus in der Hand oder hält er mich?
  In der Fastenzeit einen Ostersonntag feiern!
  Dank hat Vorrang vor der Bitte

Nach dem Lesen bzw. Hören des Schrifttextes (Joh 2,13–25 – Die Vertreibung der Händler aus dem Tempel):

- *Was richtet mich/uns auf?*
  Es gibt auch einen „heiligen Zorn und Ärger“
- *Was richtet mich/uns aus?*
  Entdecken, was Jesus tut (Zeichen)
  Das Leben Jesu und das eigene mehr von der Auferstehung her sehen und verstehen
- *Was richtet mich/uns?*
  Jesus ist kein „segnender Weichling“
  Der Liturgiebetrieb (vgl. Tempelbetrieb) kann die Kirche zu einer Veranstaltungshalle machen
  Ehrwürdiges und Altes (46 Jahre Bauzeit für den Tempel!) garantieren für gar nichts

Zur Verwendung des Protokolls: Es dient zur Sammlung von Inhalten, die der Liturgiekreis dann bei der Gestaltung von einzelnen Gottesdienstelementen und -teilen heranzieht – z.B. bei den Fürbitten die Antworten zur zweiten Frage.

Tut dies zur Erinnerung an mich … – Die Eucharistiefeier, ihre Inhalte, Ablauf und Gestaltung

Zur Dramaturgie der Eucharistiefeier

Um die Eucharistiefeier besser zu verstehen, ist zunächst ein kurzer Überblick über die Dramaturgie – den „Handlungs- und Spannungsbogen", der sich in der Feier „aufbaut" – sinnvoll. Hier zeigt sich, dass die einzelnen Teile der Messfeier aufeinander aufbauen und ineinander übergehen.

Eine erste grobe Übersicht kann neben Eröffnung – der „Hinführung" zu den Hauptteilen – und Schluss – dem „Ausklang" in den Alltag – zwei Hauptteile der Eucharistiefeier ausmachen:

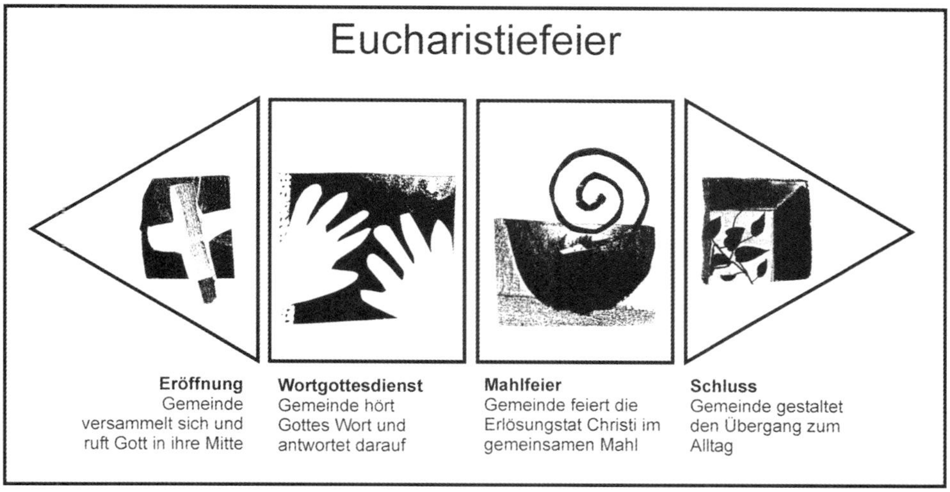

Eröffnung

Zu Beginn des Gottesdienstes geht es darum, sich miteinander und mit Christus zu versammeln, sich den Anlass und das „Thema" bewusst zu machen und Gott selbst in die Mitte der Gemeinde „zu bitten".

- *Versammlung, Einzug und Kreuzzeichen / Begrüßung und Einführung*
  Menschen – Frauen, Männer, Jugendliche und Kinder – kommen am Sonntag (oder auch am Werktag) in der Pfarrkirche mit ihrem Priester zusammen. Sie begrüßen sich, versammeln sich und machen sich bewusst, warum sie beisammen sind, indem sie ihre Versammlung unter das Kreuzzeichen stellen. Im Namen Gottes wollen sie nun gemeinsam feiern.
  Nach dem Eröffnungslied, dem Kreuzzeichen und der Begrüßung der Gemeinde kann eine *kurze* Einführung in den Gottesdienst folgen.

- *„Bußakt“*
  Die Menschen erzählen einander die Situationen, in der sie zur Zeit stehen – ihre Ängste, Sorgen, Hoffnungen und Freuden –, sie bekennen auch, dass in ihrem Leben nicht alles in Ordnung ist, dass sie an sich selbst und anderen schuldig geworden und erlösungsbedürftig sind. Sie sehen auch das Leben der Welt und seine Gottesbedürftigkeit. Sie bitten sich gegenseitig, füreinander zu beten.
- *Kyrierufe*
  Die Menschen rufen jetzt Christus in ihre Versammlung, in ihr Leben, ihre Lebensumstände hinein, wissend, dass er da ist: „Christus, du hast uns zugesichert, alle Tage unseres Lebens bei uns zu sein. Herr, erbarme Dich unser! – Komm in unsere Mitte!“ Das Erbarmen Christi zeigt sich, indem er bei den Menschen ist.

Oft wird in der Eucharistiefeier entweder der Bußakt oder das Kyrie gesprochen bzw. gesungen. Dies ist nur teilweise berechtigt, da beide Teile des Gottesdienstes nicht dasselbe ausdrücken: Einerseits geht es darum, um Erbarmen angesichts des eigenen Versagens zu bitten, andererseits darum, Christus in der Mitte der Gemeinde zu begrüßen.

- *Gloria*
  Christus selbst ist im Gottesdienst da, er ist in der Mitte der feiernden Gemeinde. Sie kann nun einstimmen in das Gloria der Engel zu Weihnachten, die die Ankunft des Retters verkünden.
  Zum Zeichen der „gedämpften Freude“ im Advent und in der Österlichen Bußzeit entfällt dort das Gloria. Die Osterzeit ist dadurch besonders hervorgehoben, dass auch an den Werktagen das Gloria gesungen wird. An den Werktagen außerhalb der Osterzeit, an denen die Eucharistie in der Regel in einer kleineren Gruppe gefeiert wird und deswegen einen andere Bedeutung hat als die Feier der ganzen Gemeinde am Sonntag, entfällt das Gloria.
- *Tagesgebet*
  Dieses Gebet schließt den Eröffnungsteil formal ab und bereitet für den folgenden Wortgottesdienstteil vor.

Wortgottesdienst

Gott ist in der versammelten Gemeinde anwesend. Die Gemeinde hört von seiner Geschichte mit den Menschen – mit Abraham, mit Mose, mit den Propheten und Aposteln, mit allen Menschen. Gleich wie den biblischen Personen ergeht es jedem der Versammelten – die Glaubensgeschichte eines jeden Menschen ist identisch mit einer Heilsgeschichte Gottes.

Die zum Gottesdienst versammelten Menschen antworten auf diese Zuwendung Gottes, die ihnen geschildert wird. Sie dürfen dabei spüren: Es geht nicht um Geschichten aus längst vergangener Zeit, es hat auch mit ihnen zu tun. Es geht um sie selbst und ihr Leben. Der Wortgottesdienstteil hat folgende einzelnen Elemente:

- *Erste Lesung*
  Sie ist an den Sonntagen außerhalb der Osterzeit aus dem Alten Testament, in der Osterzeit aus der Apostelgeschichte.
- *Antwortgesang*
  Der Psalm nach der Ersten Lesung, der manchmal auch durch ein Lied ersetzt wird, antwortet auf das eben Gehörte.
- *Zweite Lesung*
  Sie ist den neutestamentlichen Briefen, der Apostelgeschichte oder der Offenbarung entnommen.

In Eucharistiefeiern an Werktagen gibt es nur eine Lesung, in manchen Gemeinden wird auch an Sonntagen – und eventuell auch an Festtagen – aus den beiden Lesungen eine ausgewählt.

- *Ruf vor dem Evangelium*
  Dieser Ruf begrüßt den in seinem Wort anwesenden Herrn, der insbesondere im folgenden Evangelium zu den Menschen und konkret zur versammelten Gemeinde spricht.
  Der hier übliche Halleluja-Ruf – der einen Lobpreis Gottes ausdrückt – wird in der Fastenzeit durch einen anderen Ruf ersetzt.
- *Evangelium*
  Im Evangelium hört die Gemeinde vom Leben Jesu bzw. von Geschichten und Bildern, in denen Jesus von seinem Vater gesprochen hat.
- *Homilie/Predigt*
  In der Predigt, die auch in kurzer Form an Werktagen möglich ist, überlegt die Gemeinde, was das Wort Gottes für ihr konkretes Leben bedeutet.
- *Glaubensbekenntnis*
  Auf den Ruf zur Nachfolge, der sich aus dem (in den Lesungen und im Evangelium gehörten) Wort Gottes ergibt, antworten die zum Gottesdienst versammelten Menschen mit dem Bekenntnis ihres Glaubens. Sie zeigen damit zugleich, dass sie bereit sind, dem Ruf Gottes zu folgen.
- *Fürbitten / Gebet der Gläubigen*
  Die Gemeinde bittet Gott für jene Anliegen, die sich aus dem gehörten Wort Gottes ergeben und die in der aktuellen Situation – in Welt, Kirche, Land oder Gemeinde – besonders wichtig sind. Vor diesen Gott, der Interesse am Menschen hat und der es gut mit ihnen meint, kann jeder seine Bitten, seine Sorgen und Ängste hintragen, verbunden mit der Bitte um „Wandlung".

Mahlfeier

Die Mahlfeier versammelt die Gemeinde um den am Kreuz gestorbenen Christus, der die Welt mit sich versöhnt hat. Im Gedächtnis des Kreuzestodes Jesu, der in Leib und Blut Christi gegenwärtig ist, darf die Gemeinde und jede(r) Einzelne Schuld und Versagen aufgehoben und verwandelt wissen.

- *Gabenbereitung*
  Die Menschen legen ihre Bitten und die gesammelten Gaben gemeinsam mit Brot und Wein – Symbole des zum Leben Notwendigen und Zeichen des Mühsamen und des Schönen ihres Lebens – auf den Altar. Der begleitende Gesang unterstreicht die Festlichkeit der – größeren oder kleineren – Gabenprozession.
  Die Menschen haben im Wortgottesdienstteil gehört, wie Gott ist. Deshalb sind sie bereit, mit denen zu teilen, die in einer schwierigen existenziellen oder sozialen Situation sind. Sie spüren, dass sich Gott insbesondere mit den Notleidenden identifiziert, sich ihnen sogar gleichstellt. Deshalb gehört zur Gabenbereitung die Kollekte für Notleidende, aber auch für die Aufgaben der Gemeinde. Die Gabenbereitung schließt mit dem Gabengebet.
- *Hochgebet*
  Das Hochgebet ist das große Dankgebet. Die versammelte Gemeinde dankt Gott, dass er sich von der Schöpfung an bis hin zu seiner Menschwerdung und seiner Wiederkunft auf die Menschen einlässt und sich ihnen zu erkennen gibt. Sie dankt, dass Gott eine Geschichte mit jedem einzelnen Menschen hat. Im Hochgebet lässt sich die Gemeinde hinein nehmen in die gesamte Schöpfung von Himmel und Erde und in die gesamte Heilsgeschichte Gottes mit den Menschen, die in der Menschwerdung Gottes in Jesus Christus ihren unüberbietbaren Höhepunkt gefunden hat: Gott kann sich den Menschen nicht mehr zu erkennen geben, als selbst Mensch zu werden. All dessen gedenkt besonders die *Präfation* mit dem *Sanctus*, in dem die Gemeinde in den himmlischen Lobgesang der Engel Gottes einstimmt.
  Im Hochgebet wird das Geschehen im Abendmahlsaal gegenwärtig. Da Christus an der heutigen Welt und am Leben der heutigen Menschen genauso viel Interesse hat wie vor rund zweitausend Jahren, gibt er sich immer wieder hin, damit sie leben. Er gibt sich in ihr Leben hinein, wird gegenwärtig und wird selbst zur Nahrung in den Zeichen von Brot und Wein. Diese sind damit zugleich Zeichen seiner Hingabe in den Tod am Kreuz.
  Da Jesus sich am Kreuz für die ganze Welt und ihre Einheit hingegeben hat, gedenkt das Hochgebet der Kirche, der Welt sowie der lebenden und bereits verstorbenen Menschen.
- *Kommunion*
  Am Beginn des Kommunionteils versichert sich die Gemeinde im *Vater Unser*, dass Gott ihr Vater ist, dass sein Reich kommen und sein Wille geschehen soll. Sie sprechen einander zu, dass sie vergeben wollen.
  Deshalb sprechen die Gläubigen einander den Frieden zu, den der Auferstandene seinen Jüngerinnen und Jüngern verheißen hat, um dann miteinander das Brot zu essen und den Wein zu trinken. Sie dürfen Leib und Blut Christi, der sich so auf ihr Leben einlässt und den sie vorher im *Agnus Dei* anrufen, in der *Kommunion* empfangen – und damit die Gemeinschaft mit Gott und untereinander feiern.
  Der Kommunionteil schließt nach dem Kommunionempfang und einem Dank mit dem Schlussgebet.

Schluss

Die Eucharistie ist Quelle und Höhepunkt des gemeindlichen Lebens – so sagt es u. a. die Liturgiekonstitution *Sacrosanctum Concilium* des Zweiten Vatikanischen Konzils (vgl. SC 10). Von daher erhält der Schlussteil eine besondere Bedeutung. Er soll ausdrücken, dass das eben Gefeierte hinein wirkt in das Leben der Gemeinde und der einzelnen Gemeindemitglieder.

- *Ankündigungen/Verlautbarungen*
  Bevor die Gemeinde auseinander geht, berichten die Menschen einander noch, was in der nächsten Woche alles geplant ist: wann und wo kleine Gruppen zusammenkommen, wann und wo sich Interessierte engagieren können oder wo Gottes Segen und das Gebet der Gemeinde dringend gebraucht werden. In diese „Richtungen" – aber auch in viele andere Bereiche – wirkt das in der Eucharistie Gefeierte hinein und fort.
- *Segen und Abschluss*
  Die Menschen bitten darum, dass Gott im Alltag bei ihnen ist, und gehen dann gesegnet auseinander.

Die Bedeutung der Eucharistiefeier

Die Eucharistiefeier ist – wie oben festgehalten – von allen liturgischen Feiern die „umfassendste" Gottesdienstform, weil sie die totale Zuwendung Gottes zur Welt in Jesus von Nazaret als Inhalt hat und weil sie alle Dimensionen des Menschseins im Blick hat.

Ihr Ursprung liegt in der Feier des Letzten Abendmahles, der Paschafeier Jesu mit seinen Jüngern vor seiner Hinrichtung, vor seinem Tod am Kreuz (vgl. 1 Kor 11,23–25). Wie in der jüdischen Tradition die Paschafeier an das rettende Tun Gottes am Schilfmeer erinnert, als Jahwe die Israliten aus der Hand der Ägypter befreite (vgl. Ex 13,17–14,31), so hält die Feier der Eucharistie in der Kirche die rettende und erlösende Tat Gottes für die Menschen in Jesus lebendig und gegenwärtig.

In der Eucharistiefeier dankt die christliche Gemeinde in Gemeinschaft Gott für Jesus Christus, für sein ganzes Leben, sein Sterben am Kreuz und sein Auferstehen – und sie nimmt in diesen Dank das gesamte Leben der Menschen mit hinein. Die Eucharistiefeier ist die Gottesdienstform, in der die Gemeinschaft der Gläubigen vor Ort, mit der Welt und mit Christus am deutlichsten – und zwar als Sakrament – zum Ausdruck kommt.

Die Eucharistiefeier hat von sich heraus Inhalte, die bei der Vorbereitung Beachtung finden sollten. Die Stichworte, die in der folgenden Grafik genannt sind, lassen sich schwerpunktmäßig einzelnen Teilen der Eucharistiefeier zuordnen (Pfeile zu den entsprechenden Teilen), sie betreffen aber auch die ganze Feier (Anordnung entlang des Gesamtablaufs der Messfeier und innerhalb des großen Rahmens „Eucharistiefeier"):

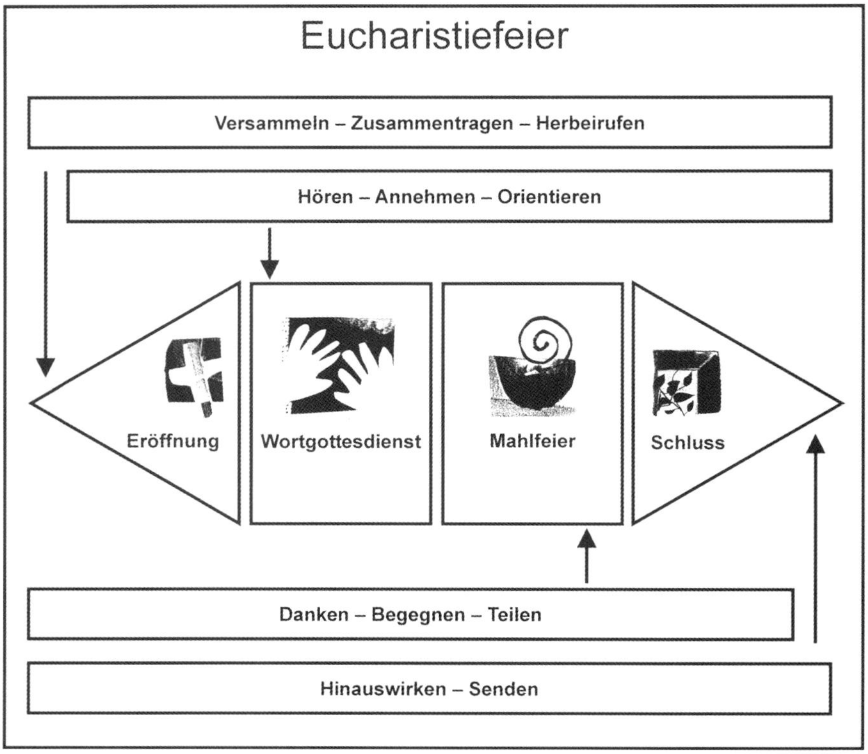

Versammeln – Zusammentragen – Herbeirufen

In der Eucharistiefeier soll bewusst und spürbar werden, dass sich die Gläubigen als Gemeinschaft versammeln und dass Christus als Haupt dieser Gemeinde gegenwärtig ist. Göttliche Lebenszusage und menschliche Lebenswirklichkeit treffen aufeinander. Die Dimensionen menschlichen Seins werden zusammengetragen, um Wandlung zu erfahren. Wie Christus sich durch die Menschwerdung das menschliche Leben – mit seinen Freuden und Nöten und mit aller Schuld – und die ganze Schöpfung zu eigen gemacht hat, so macht er sich das konkrete Leben der Gemeinde zu eigen. Besonders deutlich wird im *Eröffnungsteil*: Die Eucharistiefeier ist ...

- Versammlung von Einzelpersonen – mit ihren Lebensumständen, ihrer Lebenssituation, in der sie gerade stehen, ihren Beziehungen und all den (lebenden und schon verstorbenen) Menschen, die sie „mithaben"
- Versammlung der Gemeindemitglieder mit ihren Freuden, Hoffnungen, Sorgen, Versagen ...
- Versammlung der Gemeindemitglieder als „Glaubensgemeinschaft", die miteinander auf dem Weg der Nachfolge sind
- Versammlung „der Welt"
- Versammlung, in der Christus als Haupt der Gemeinde gegenwärtig ist

Hören – Annehmen – Orientieren

In der Eucharistiefeier soll spürbar und bewusst werden, dass der Gott, der sich Abraham, Moses, den Propheten und den Aposteln zugewendet hat, auch heute in gleicher Weise den Menschen nahe ist. Er hat an jedem Einzelnen, an der Menschheit und an der Welt heute nicht minder Interesse als vor zweitausend oder viertausend Jahren. Er engagiert sich in der heutigen Welt ebenso wie zu den Zeiten der Propheten.

Die Offenbarung, in der Gott selbst auf die Menschen zukommt, hat in Jesus von Nazaret ihren unüberbietbaren Höhepunkt. Diese bedingungslose Hinwendung Gottes zu den Menschen feiert die Gemeinde in der Eucharistie.

Trotzdem bleibt das Verstehen des liebenden und sich zuwendenden Gottes immer unvollständig, es ist abhängig von den jeweiligen Zeiten, Kulturen, Umständen, Fragestellungen … Die Menschen müssen sich immer neu um ein rechtes, auf die eigene Lebenssituation zutreffendes Verständnis der Offenbarung Gottes bemühen. Aber auch das Vertrauen, das zu diesem Suchen befähigt, kann in der Eucharistiefeier wachsen. Besonders deutlich wird im Wortgottesdienst, …

- dass Gott Interesse an jedem einzelnen Menschen hat
- dass Gott eine Geschichte mit den Menschen und auch mit jedem einzelnen Menschen hat
- dass Gott durch Jesus Christus den Bund zwischen Mensch und Gott immer wieder erneuert
- dass Gott, an den Christinnen und Christen glauben, ein Gott mit den Menschen ist, den sie spüren und dem sie danken können

Danken – Begegnen – Teilen

In der Eucharistiefeier soll spürbar und bewusst werden, dass die Menschen alles, was sie zum Leben brauchen – Gemeinschaft, Gespräch, Nahrung, Solidarität, Hilfsbereitschaft –, nicht nur und allein aus sich selbst heraus haben, sondern dass dies immer auch durch das Leben Gottes und das Leben anderer Menschen (hinzu-)gegeben wird. Besonders deutlich wird in der *Mahlfeier,* …

- dass die Menschen miteinander und besonders mit den „Armen“ und Notdürftigen teilen
- dass die Menschen Christus begegnen
- dass die Menschen sich der „Verdanktheit“ ihres Lebens bewusst werden
- dass die Menschen einander begegnen und miteinander kommunizieren

Hinauswirken – Senden

In der Eucharistiefeier soll bewusst und spürbar werden, dass das Wirken Gottes und die Erlösungstat Christi am Kreuz nicht einem „elitären Zirkel“ von „Auserwählten“, sondern der ganzen Welt gelten. All das, was in der Eucharistiefeier „zusammengetragen“ wird, soll wieder zu jeder und jedem Einzelnen und zur Gemeinschaft – ja zur ganzen Welt – „zurückkommen“. Die Messfeier spricht Gutes zu, das die Einzelnen weitergeben können, um so Segen für ihre Mitmenschen zu sein. Sie kann als Orientierung dienen, wie Christinnen und Christen miteinander umgehen sollen, damit sie Zeichen in der Welt sind. Besonders deutlich wird im *Schlussteil*, ...

- dass die Botschaft vom Gott, der alle Menschen liebt, in die Welt hinein wirkt
- dass Christinnen und Christen sich als Botinnen und Boten zu ihren Mitmenschen gesandt wissen

Liedgut und Musik in der Eucharistiefeier

In die Eucharistiefeier sind verschiedene Gesänge, Lieder und Instrumentalmusik möglich bzw. sinnvoll, die hier der Übersicht halber mit kurzen Anmerkungen zu ihrer Bedeutung angeführt sind.

Eröffnungsgesang: Er eröffnet mit einem Lied, Orgel- oder Instrumentalspiel den Gottesdienst bzw. begleitet die Einzugsprozession. Die verwendeten Lieder sollen dem versammelnden Charakter entsprechen und zur Feier hinführen. Sie können auch die liturgische Zeit betonen.

Kyrieruf: Er ist die Christusanrufung der versammelten Gemeinde. Die Kyrierufe – insbesondere Kyrielitaneien und Kyrieleisen – können auch als Eröffnungsgesang dienen (dann braucht es an dieser Stelle kein Kyrie mehr).

Gloria: Das Gloria ist das textgebundene Einstimmen in den weihnachtlichen Lobpreis der Engel an den dreieinigen Gott. Es entfällt im Advent und in der Österlichen Bußzeit.

Antwortgesang: Er ist Antwort der Gemeinde auf das gehörte Wort Gottes in Form eines gesungenen Antwortpsalms oder Antwortliedes, das einen Aspekt aus dem Gehörten aufgreift, vertieft ... Um das Wort Gottes „nachklingen“ zu lassen, ist auch ein meditatives Instrumentalspiel oder besinnliche Stille möglich.

Ruf vor dem Evangelium: Er begrüßt Christus, der in seinem Wort zur Gemeinde sprechen wird, und begleitet die Evangelienprozession. In der österlichen Bußzeit wird das sonst verwendete Halleluja durch einen Christus-Ruf ersetzt.

Credo: Das Glaubensbekenntnis, das vom Text her gebunden ist, kann statt gesprochen auch gesungen werden.

Antwortruf auf die Fürbitten: Er kann statt gesprochen auch gesungen werden und ist die Bekräftigung der vorgetragenen Anliegen durch die Gemeinde.

Gesang zur Gabenbereitung: Er sollte als Begleitgesang zur Gabenprozession diese inhaltlich deuten.

Sanctus: Das Sanctus ist nicht irgendein Loblied. Es ist die liturgische Teilnahme der Gemeinde an der himmlischen Gottesverehrung

	mit einem dreimaligen Heilig-Ruf. Deshalb sind auch hier Lieder zu verwenden, die sich am entsprechenden Text orientieren.
Akklamationen der Gemeinde:	Es geht im „Deinen Tod, o Herr, verkünden wir ...“ um eine zustimmende Bestätigung und Bekräftigung des Glaubens der Gemeinde.
Vater Unser:	Das Vater Unser kann auch gesungen werden.
Friedenslied:	Der Friedensgruß, den die Gemeinde weitergibt, kann mit einem geeigneten Lied begleitet werden.
Lamm Gottes:	Dies ist der Begleitgesang zur Brotbrechung.
Kommunion:	Ein meditatives Instrumentalspiel, das den Kommuniongang der Gläubigen begleitet, eignet sich besonders gut. Auswendig singbare Wechselgesänge sind hier auch möglich und sinnvoll.
Dankgesang:	Hier geht es vor allem um den Dank für das in der Eucharistiefeier Erfahrene. Es kann auch um den Segen Gottes gebeten werden.
Schlusslied:	An bestimmten Festtagen kann ein festlicher Gesang in Form eines „Großer Gott, wir loben dich“ oder ein Lied, das die liturgische Zeit hervorhebt bzw. die Feier abschließt, gesungen werden. Dieser mündet dann in ein Instrumentalspiel, das den Auszug begleitet.

Konkretionen

Versammlung mit Christus in der Mitte – Die einzelnen Teile der Eucharistiefeier und ihre Gestaltung

Versammlung, Einzug und Kreuzzeichen

Der Beginn jedes Gottesdienstes will die einzeln Anwesenden als Gemeinschaft versammeln und Christus in der Mitte der Gottesdienstgemeinde begrüßen. Es soll spürbar und bewusst werden, dass die Menschen sich als Gemeinde versammelt haben und dass Christus in ihrer Mitte gegenwärtig ist. Er ist selbst die Mitte dieser Gemeinde und der ganzen Kirche. Menschliche Lebenswirklichkeit und göttliche Lebenszusage treffen aufeinander, rituell dargestellt in der Versammlung, der Einzugsprozession und dem Kreuzzeichen. Das Kreuzzeichen, das alle Anwesenden zu Beginn machen, ist das Zeichen der Annahme der Zuwendung Gottes. Im Zeichen dieser göttlichen Zuwendung, die durch Tod und Auferstehung hindurch geht, steht der Gottesdienst.

Inhalte

Vom eben Gesagten her sind folgende inhaltliche Aspekte wichtig:

- Menschen versammeln sich zum Gottesdienst mit der je individuellen und zugleich ganzen Lebenssituation, in der sie stehen.
- Gemeinde versammelt sich und soll Gemeinschaft werden.
- Christus versammelt sich mit seiner Gemeinde und soll deren Mitte sein.

Vorbereitung

Für die Liturgiegruppe ist vor allem die Auseinandersetzung mit der *ersten Frage* wichtig: *Was feiern wir?* Es geht darum zu reflektieren, welche „konkreten Menschen" sich zu einem bestimmten Gottesdienst versammeln und welches Christussymbol ihrer Wirklichkeit zur konkreten Zeit (Kirchenjahr, aktuelle Anlässe, spezielle Anliegen ...) am besten gerecht wird. Daraus ergeben sich folgende *konkrete Einzelfragen:*

- Welches Christussymbol, das bei der Einzugsprozession mitgetragen werden kann, greift die momentanen Anliegen und den Anlass der Eucharistiefeier am besten auf (z.B. Christuskind in der Krippe in der Weihnachtszeit, Osterkerze in der Osterzeit, Brot und Wein an Fronleichnam, Bibel an Sonntagen im Jahreskreis)?
- Welche Zeichen können den Versammlungscharakter des Gottesdienstbeginns verdeutlichen?
- Welches Lied, welcher Gesang oder welches Musikstück passt zum Einzug (z.B. festliche Entrada mit Blechbläsern, Chorstück, das auf das Thema des Festtags oder des Anlasses einstimmt, eher ruhige, besinnliche Orgelmusik, ein Eingangslied, das zu den Lesungen passt und das die Gemeinde gut kennt)?

Grundform

Die versammelte Gemeinde befindet sich im Kirchenraum. Der Priester zieht mit Ministranten und Ministrantinnen ein: Sie tragen ein Christussymbol mit, welches dann an einem passenden und sichtbaren Ort im Altarraum seinen Platz erhält. Die Gemeinde singt währenddessen ein Einzugslied.

Der Priester geht zum Altar, küsst diesen, geht zu seinem Sitz und beginnt den Gottesdienst mit dem Kreuzzeichen.

Weitere Möglichkeiten

Verschiedene Elemente, die in der jeweiligen Situation und für die konkrete Gemeinde gezielt auszuwählen (oder auch neu zu überlegen) sind, können den Charakter des Gottesdienstteiles unterstreichen und verdeutlichen. Hier könnte beispielsweise sinnvoll sein:

- Eine kleine (!) Gruppe von Gemeindemitgliedern begrüßt an der Kirchentür unaufdringlich die Ankommenden. Hier könnte sich sinnvollerweise jeweils ein Mitglied des Pfarrgemeinderats als Stellvertreter bzw. Stellvertreterin derjenigen Männer und Frauen, die in der Gemeinde besondere Verantwortung tragen, engagieren. neu Zugezogene und offenbar fremde Personen werden unaufdringlich, aber herzlich willkommen geheißen.
- Behinderten, sehschwachen oder alten Personen wird auf Wunsch Hilfe angeboten. Diese Hilfeleistung kann sich auch in einem „Abholdienst" zum Gottesdienst mit dem Auto niederschlagen.
- Eine Atmosphäre vor dem eigentlichen Gottesdienstbeginn schaffen, in der sich auch im Kircheninneren die Gemeindemitglieder, die nebeneinander Platz nehmen, kurz begrüßen.
- Im Kirchenraum stimmen leise meditative Lieder oder Musik auf die Eucharistiefeier ein. Ebenfalls können auch neue Lieder oder Gesänge, die in der Eucharistiefeier gesungen werden sollen, vor dem Gottesdienst mit der Gemeinde eingeübt werden.
- Gottesdienst ist keine Theatervorstellung, bei der hinter „verschlossenem Vorhang" die „Bühne" vorbereitet wird. Wenn sich Erwachsene oder Kinder vor der Eucharistiefeier noch auf angemessene Weise um den Schmuck und die Vorbereitung des Kirchenraums oder besonderer Orte wie Ambo oder Altar bemühen, so muss das nicht stören, sondern kann auch die Verantwortung der ganzen Gemeinde für den Gottesdienst zum Ausdruck bringen.
- Je nach Anlass des Gottesdienstes ist zu überlegen, welche Personen oder Personengruppe bei der Einzugsprozession mitgehen können. Wenn beispielsweise die feierliche Erstkommunion der Gemeinde erst im Mai ist und die Erstkommunionkinder bei einem Gottesdienst in der Osterzeit der Gemeinde vorgestellt werden sollen, könnte beim Einzug folgende Vorgehensweise stimmig und ausdrucksstark sein: Vor dem Priester geht eine Familie, die sich in der Erstkommunionvorbereitung engagiert und an diesem Sonntag das Tragen der Osterkerze übernommen hat. Die Schar der Kommunionkinder geht ihnen voran, die mit

kleinen Glöckchen an das „Gloria“ der Osternacht erinnert, in dem – ebenfalls mit begleitenden Glocken – die Freude über Christus, das Licht der Welt, zum Ausdruck kommt.

Begrüßung und Einführung

Die *Begrüßung* zeigt den Anwesenden, dass sie im Gottesdienst willkommen sind. Jeder und jede Einzelne und jede Gruppe, die teilnimmt, ist wichtig und bereichert den Gottesdienst.

Die *Einführung* will einerseits den Alltag der Mitfeiernden in den Gottesdienst hineinholen – damit alle, die am Gottesdienst teilnehmen, gut „ankommen“ und ganz „bei der Sache“ sind und mit „ganzen Herzen da sein“ können. Andererseits gibt die Einführung einen knappen Ausblick auf den bevorstehenden Gottesdienst – seinen Anlass, sein Festgeheimnis ...

Vorsicht: Die Gefahr ist groß, in die Einführung schon „alles Mögliche“ hineinpacken zu wollen! Hier geht es aber wirklich nur um eine kurze prägnante Einleitung, für alles andere ist später im Gottesdienst noch genügend Raum!

Inhalt

Vom eben Gesagten her sind folgende inhaltliche Aspekte wichtig:

- Jeder und jede Einzelne ist als Mitglied der versammelten und feiernden Gemeinde wichtig.
- Der Alltag mit all dem, was außerhalb des Gottesdienstes passiert, ist als „Leben der Menschen“ nicht nebensächlich, sondern gehört entscheidend mit zum Gottesdienst.
- Das „Leben Gottes“ erschließt sich auch (ergänzend zum Horizont der Eucharistie) im konkreten Anlass oder im Festgeheimnis des Tages von einer konkreten Seite.

Vorbereitung

Für die Liturgiegruppe ist vor allem die Auseinandersetzung mit der *ersten Frage* wichtig: *Was feiern wir?* Es geht darum, die Akzente des Gottesdienstes zu reflektieren und zu klären, die sich von den Mitfeiernden – ihren Erwartungen und ihrem Leben – her ergeben, aber auch den von der Gemeinde unabhängigen Feieranlass der Heilstaten Gottes in den Blick zu nehmen. Daraus ergeben sich folgende *konkrete Einzelfragen:*

- Wer sind die Personen und Personengruppen, die den Gottesdienst mitfeiern? Gibt es beim Gottesdienst besondere Gruppen, deren Anliegen in den Blick zu nehmen sind?
- Welche aktuellen Anliegen der Gemeinde oder aus der Gemeinde sollten den Gottesdienst mitprägen? Hier geht es um Fragen wie: Was hat uns in den vergangenen Tagen bewegt? Woher kommen wir? Was ist Besonderes passiert?

- Welche inhaltliche Ausrichtung des Gottesdienstes ergibt sich durch die Feier der Sonntagsliturgie selbst, durch den eventuellen Festanlass des Kirchenjahres und durch die vorgesehenen Lesungstexte (inkl. Evangelium)?

Grundform

Der Priester begrüßt die Anwesenden – und (sofern anwesend) immer auch eigens die Kinder! – und führt in knappen und allgemein verständlichen Worten in die Feier ein, ohne inhaltlich die Feier vorweg zu nehmen.

Beispiel

Liebe Pfarrgemeinde, ich begrüße Sie/Euch alle zu diesem Gottesdienst. Besonders möchte ich euch Kinder hier in unserer Mitte willkommen heißen.

Wir haben uns wieder versammelt, um miteinander unser Leben mit unserem Gott zu feiern. Als Zeichen, dass Christus Interesse an uns hat, an all den schönen und auch traurigen Seiten unseres Lebens, haben wir die Osterkerze in unsere Mitte gestellt. Sie zeigt: Er ist mitten unter uns – so wie das Evangelium uns heute berichtet, dass der Auferstandenen mitten unter seinen Jüngerinnen und Jüngern erscheint. Auf ihn dürfen wir vertrauen. In seine Hände wollen wir unser Leben legen – auch die drei Menschen aus unserer Gemeinde, die in der letzten Woche gestorben sind.

Weitere Möglichkeiten

Ohne den Rahmen einer knappen Begrüßung zu sprengen, ergeben sich – je nach konkreter Situation – verschiedene Möglichkeiten oder sogar Notwendigkeiten, die Einführung anders zu gestalten oder zu erweitern:

- Gehen besondere Personen oder Gruppen bei der Einzugsprozession mit, so sollte deren Anwesenheit – verbunden mit dem Feieranlass – kurz erklärt werden.
- Feiern besondere Gäste den Gottesdienst mit, so sollten sie an dieser Stelle kurz vorgestellt werden – nicht zuletzt auch deshalb, weil im anderen Fall das „Rätselraten“ um deren Person einige Mitfeiernde vom eigentlichen Geschehen ablenken könnte.
- In der Einführung kann u.U. auch Platz für besondere Anliegen (z.B. Sterbefall in der Gemeinde, Erdbeben in Peru ...) sein, in denen um das Mitgebet im Gottesdienst gebeten wird. Dieses Anliegen kann dann eine Fürbitte nochmals aufgreifen.

„Bußakt“

Der so genannte „Bußakt“ ist liturgisch nicht zwingend vorgeschrieben, er kann unter bestimmten Voraussetzungen, die im Messbuch angeführt sind, auch entfallen. Es ist aber gut und sinnvoll, wenn sich die anwesenden Christinnen und Christen erinnern, dass sie erlösungsbedürftig sind. Sie können sich im Bußakt darauf besinnen, dass sie Christus in ihrem Leben, in ihrer Gemeinde bzw. Gemeinschaft und in der Welt brauchen und ihn auch einlassen wollen.

Es geht im Bußakt weniger um ein ständiges Eingeständnis des eigenen Versagens. Vielmehr will er anzeigen, dass die Menschen all das, was belastet, was betroffen macht, was erlösungsbedürftig ist, vor Gott hinlegen dürfen. Sie beten im Bußakt füreinander, dass sie der Einladung zur Umkehr zur Fülle des Lebens Folge leisten können.

Die Erinnerung an die Taufe, die das Messbuch als Alternative für Sonntage vorschlägt, macht den Sinn des Bußaktes deutlicher: Es geht um die Ausrichtung des Lebens auf das Erlöstsein durch Christus, der das Leben selbst ist.

Grundsätzlich ist anzumerken, dass es besser ist, den Bußakt einmal im Monat gewissenhaft im Gottesdienst zu sprechen, als ihn jeden Tag nur flüchtig und unreflektiert „abzuhaken".

Inhalte

Vom eben Gesagten her sind folgende inhaltliche Aspekte wichtig:

- Die Gemeindemitglieder haben sich mit der ganzen Vielschichtigkeit und „Undurchsichtigkeit" ihres Lebens als Einzelpersonen und als Gemeinschaft versammelt.
- Die Gottesdienst Feiernden öffnen ihr Leben und legen es in die Hände des Erlösers, indem sie sich ihre eigene Erlösungsbedürftigkeit und die Erlösungsbedürftigkeit der ganzen Gemeinde und Welt bekennen.
- Die Gemeindemitglieder machen sich im Bußakt bewusst, dass sie Christus brauchen und dies auch wollen.

Vorbereitung

Für die Liturgiegruppe ist vor allem die Auseinandersetzung mit der *zweiten Frage* wichtig: *Was aus unserem Leben und aus dem Leben der Gemeinde bewegt uns?* Es geht darum zu überlegen und zu sammeln, was in dieser Woche passiert ist, wofür die Gläubigen einstehen möchten. Daraus ergeben sich folgende *konkrete Einzelfragen:*

- Wie kann all das, was bedrückt und bedrängt, zur Sprache kommen: alles, wofür die Gemeindemitglieder in der Gemeinde oder der Welt Verantwortung übernehmen möchten und manchmal nicht können, aber auch alles, was persönliche Schuld ist?
- In welcher Form, die in diesem Gottesdienst sinnvoll, nachvollziehbar und angemessen ist, kann die konkrete Erlösungsbedürftigkeit der Einzelnen und der Gemeinde dargestellt werden?
- Wie kann das, was zur Sprache kommen soll, nicht moralisierend, sondern betroffen machend vorgebracht werden?

Grundform

Nach der Einladung durch den Priester sprechen alle gemeinsam das Allgemeine Schuldbekenntnis: „Ich bekenne Gott dem Allmächtigen ...". Darauf folgt die Vergebungsbitte durch den Priester.

Weitere Möglichkeiten

Von der aktuellen Situation in Gemeinde und Welt ausgehend, gibt es verschiedene Möglichkeiten, das Schuldbekenntnis zu konkretisieren oder inhaltlich deutlicher zu füllen:

- Hier eignen sich Hinweise auf Ereignisse, Situationen – im Leben einzelner Gemeindemitglieder, im Leben der Gemeinde und in der Welt –, die betroffen machen sollen (weil sie letztlich Christus betroffen machen). Für diese konkreten Sachverhalte bittet die Gemeinde um Vergebung und um die Anteilnahme Christi.
- Der Bußakt kann auch mit Symbolen gestaltet werden: Dabei tragen etwa einzelne Gemeindemitglieder Zeichen für Freuden, Hoffnungen, Sorgen und Nöte der vergangenen Woche(n) nach vorn und legen sie mit einer entsprechenden Erläuterung vor den Altar. Dies können sein: Zeitungsartikel zu einem Unfall in der Nähe oder aus der Weltpolitik, Kerze für die Verstorbenen der vergangenen Woche, Blumen für die Neugeborenen und Getauften ...
- Der Bußakt kann auch als Taufgedächtnis mit Besprengen der Gläubigen mit Weihwasser begangen werden. Dies erinnert an die Erlösung durch Christus in der Taufe und ist besonders geeignet, wenn an diesem Sonntag ein Kind getauft wird.
- Wenn es sich um einen ausgesprochenen Dank- bzw. Festgottesdienst handelt, kann eventuell auch ein Dank vorgebracht werden. Hier können Situationen genannt werden, in denen die Gläubigen oder die Gemeinde die Hilfe und Güte von Christus erfahren haben und für die sie ihm danken wollen. Abschluss bildet die Bitte um Annahme des Dankes.

Beispiele

Der Leiter des sozialen Arbeitskreises liest die zusammengefassten Ergebnisse und Schlussfolgerungen der gerade abgeschlossenen Analyse über die soziale Situation am Ort vor.

Wenn er geendet hat, betet der Priester: „Christus, im Wissen, dass du dich für unser Leben und unsere Lebensumstände interessierst, legen wir all das Gehörte vor dich hin, das Positive und das Negative. Hilf uns dabei, die guten Ansätze zu bewahren und die Problemstellungen in deinem Geist anzugehen.“

Oder:

Eine erwachsene Frau und ein Kind gehen zum freistehenden Mikrophon und sprechen abwechselnd.

Frau: In unserem Land gibt es immer mehr Männer und Frauen, die trotz großer Anstrengungen und Bemühungen keine Arbeit finden. – *Kurze Stille.*

Kind: Letzte Woche musste einer meiner Mitschüler ins Krankenhaus. – *Kurze Stille.*

Frau: In unserer Gemeinde gibt es trauernde Menschen, die im Leid verstrickt sind und keinen Ausweg aus ihrer Situation sehen. – *Kurze Stille.*

Kind: Der Specht, der letztes Jahr noch im Wald war, ist heuer nicht mehr wieder gekommen. – *Kurze Stille.*

Frau: Im Nahen Osten stehen Menschen vor den Trümmern ihrer gerade aufgebauten Häuser. – *Kurze Stille.*

Kind: Unsere Lehrerin hat uns von Kindern erzählt, die nicht genug zu essen haben. – *Kurze Stille.*

Frau: Christus, viele Situationen in denen wir Menschen stehen, machen uns betroffen. Oft wissen wir nicht, wie wir damit umgehen sollen. Komm in unsere Mitte, wir brauchen dich.

Zum Nachdenken

Wenn sich Menschen versammeln, kommen nicht nur die Einzelpersonen zusammen. Es versammelt sich all das, was die Menschen mithaben, ihr Dank, ihre Hoffnungen, ihre Sorgen und Ängste.

Es versammeln sich ihre Beziehungen zu anderen Menschen, ob sie leben oder schon tot sind. Sie legen sie in die Hände von Christus, der sich ihnen mit seiner erlösenden Liebe zuwendet.

Kyrieruf

Das Kyrie ist das liturgische Herbeirufen des Erlösers Christus. Man könnte den Kyrieruf durchaus als adventliches liturgisches Element ansehen. Wie die Menschen im Advent auf den Erlöser warten und sein Kommen herbeisehnen, so geschieht dies bei jedem Sonntagsgottesdienst beim Beten oder Singen des Kyrierufes.

Nachdem sich die Gemeinde versammelt und vorbereitet hat, will sie sich vergewissern, dass Christus kommt, dass er unter den Feiernden gegenwärtig wird und ist. Sie ruft: Kyrie eleison, Herr erbarme dich. Das göttliche Erbarmen besteht darin, dass er zu den Menschen kommt und unter ihnen ist – nicht vorrangig darin, dass er sich „unserer Sünden erbarmt", wie es die deutsche Übersetzung des „Kyrie eleison" nahe legt.

Den Kyrierufen können (müssen aber nicht) so genannte Christusprädikationen vorausgehen. Dies sind positive Aussagen über Christus, welche etwas von seinem Wesen bzw. seiner Art ausdrücken.

Der Kyrieruf folgt grundsätzlich der Vergebungsbitte, nicht umgekehrt!

Inhalte

Vom eben Gesagten her sind folgende inhaltliche Aspekte wichtig:

- Menschliches Leben hat einen „adventlichen" Zug, denn Gott ist schon da, sein vollkommenes Erscheinen am „Ende der Tage" steht aber noch aus – es geht den Christinnen und Christen auch um das Warten auf diese neue Ankunft.
- Christus hat Interesse am Leben der Menschen, er will sich ihnen zuwenden – deshalb ruft die Gottesdienstgemeinde ihn herbei.

- Die Zuwendung Gottes – die Geschenk ist, die die Menschen aber auch immer wieder erbitten – zeigt sich in den vielfältigen Formen des Lebens Christi, die je nach Anlass im Kyrieruf benannt werden können.

Vorbereitung

Für den Liturgiekreis ist die Auseinandersetzung mit *allen drei Fragen* wichtig: *Was feiern wir? Was aus unserem Leben bewegt uns? Was aus dem „Leben Gottes" bewegt uns?* Es geht darum zu überlegen, wie Christus in der Heiligen Schrift begegnet und in welche konkrete Situation der Gottesdienstgemeinde er hinein spricht. Zugespitzt ergibt dies eine Hauptfrage: „Welchen Christus erwarten und brauchen die Menschen bei diesem Gottesdienst?" Daraus ergeben sich folgende *konkrete Einzelfragen:*

- Welche Inhalte aus den Lesungen (inklusive Evangelium) oder dem Festgeheimnis des Gottesdienstes stehen in Verbindung mit dem aktuellen Leben in der Gemeinde oder in Kirche und Welt?
- Wie ist der Christus in den Kyrierufen konkret anzusprechen, der in der Situation des Gottesdienstes erwartet und herbeigerufen wird?

Grundform

Der Priester singt oder spricht: Herr, erbarme dich. / Christus, erbarme dich. / Herr, erbarme dich.

Die Gemeinde antwortet auf jeden einzelnen Ruf jeweils gesungen oder gesprochen: Herr, erbarme dich. / Christus, erbarme dich. / Herr, erbarme dich.

Weitere Möglichkeiten

Eine ausführlichere Gestaltung kann in verschiedene Richtungen gehen:

- Wie bei den Vorbereitungshinweisen für den Liturgiekreis schon deutlich wurde, erhalten die Kyrierufe erst durch die auf die Situation der Gemeinde hin formulierten Christusanrufungen ihr „individuelles Gesicht". Für die Liturgiegruppe kann es hilfreich sein, die Formulierung der einzelnen Kyrierufe mit „Herr Jesus Christus, du hast/bist ..." zu beginnen. Dadurch kann leichter vermieden werden, dass man statt eines Kyrierufes eine Fürbitte formuliert.
- Nicht nur die einzelnen Kyrierufe können gesungen werden, sondern an die Stelle des Kyrie kann auch ein Kyrielied – eine so genannte „Kyrieleise" – treten. Hier ist es gegebenenfalls sinnvoll, den Kirchenmusiker bzw. die Kirchenmusikerin oder den Kantor bzw. die Kantorin in die Überlegungen mit einzubeziehen.
- Die Kyrierufe können auch sinnenfällig unterstrichen werden – z.B. durch das Entzünden von je einer Kerze bei jedem Anruf.

Beispiel

Lek:	Herr Jesus Christus, du machst uns zu Brüdern und Schwestern. Komm zu uns.
K und G singen:	Kyrie eleison.
Lek:	Herr Jesus Christus, du lässt uns an deiner Freude teilhaben. Komm zu uns.
K und G singen:	Christe eleison.
Lek:	Herr Jesus Christus, du hast uns zur Gemeinschaft mit dir eingeladen. Komm zu uns.
K und G singen:	Kyrie eleison.

Chor singt abschließend einen Chorsatz oder das Kyrie aus einer Messvertonung.

Oder:

Der Leiter des Arbeitskreises „Pfarre im Dorf", der zum „Bußakt" den Text der Gemeindeanalyse gelesen hat, entzündet – begleitet von zwei Ministrantinnen – an der Osterkerze einen Docht und geht dann zum geschmückten Ort des Wortes Gottes, wo auch drei Kerzen stehen.

Der Lektor spricht einen kurzen Text – z.B.: „Herr Jesus Christus, du sorgst dich um unsere Gemeinde."

Die Kantorin singt mit der Gemeinde ein Kyrie eleison. Währenddessen entzündet der AK-Leiter die erste Kerze ...

Dieser kurze Ablauf wiederholt sich noch zwei Mal. Abschließend singt die Gemeinde ein Kyrielied, eine Kyrieleise.

Zum Nachdenken

Wo sich Menschen versammeln, da treffen das „Leben Gottes" und das Leben der Menschen aufeinander: Gottes Sehnsüchte treffen die Sehnsüchte der Menschen.

In Jesus wurden die Sehnsüchte Gottes real und greifbar – er kann seiner Sehnsucht nicht mehr Ausdruck geben, als selbst Mensch zu werden.

Der heilige Augustinus bringt es mit seiner Frage auf den Punkt: „Begann die Menschwerdung nicht mit der Sehnsucht Gottes nach uns?"

In den vielfältigen Ausprägungen seiner Zuwendung rufen wir Jesus Christus im Kyrie in unsere Mitte.

Gloria

Im Gloria begrüßt die Gottesdienstgemeinde freudig Christus, den sie im Kyrie herbeigerufen hat. In einem Vergleich gesprochen: Der Teil bis zum Gloria ist der „Advent" des Gottesdienstes – das Erwarten und Herbeirufen Christi –, das Gloria selbst die „Weihnacht" des Gottesdienstes – Ausdruck der Freude über seine Menschwerdung sowie über seine Anwesenheit unter den Menschen und im Gottesdienst. Deshalb entspricht der Eröffnungsvers des Gloria dem biblischen Weihnachtsgesang der Engel: „Ehre sei Gott in der Höhe und Frieden auf Erden den Menschen seiner Gnade“ – denn der Retter ist da!

Das Gloria ist textgebunden und an Sonn- und Feiertagen außerhalb der Fasten- und Adventzeit vorgeschrieben. Es sollte nur durch „Glorialieder“, die nahe am Text des liturgisch überlieferten Gesangs bleiben, aber nicht durch allgemeine „Loblieder“ ersetzt werden.

Inhalt

Vom eben Gesagten her und dies auch weiterführend sind folgende inhaltliche Aspekte wichtig:

- Weil Menschen schon jetzt ein Stück weit im Himmel, bei Gott beheimatet sind (denn das Reich Gottes ist in der Welt bereits angebrochen), dürfen sie „gemeinsam“ mit den Engeln und „wie“ die Engel – Gott lobend – singen oder sprechen.
- Menschen dürfen darauf vertrauen, dass Christus mitten unter ihnen ist, weil er an Weihnachten Mensch geworden ist und selbst den Menschen zugesichert hat, bei ihnen zu sein, alle Tage des Lebens (vgl. Mt 28,20).

Vorbereitung

Für den Liturgiekreis ist in der Vorbereitung besonders die Auseinandersetzung mit der *ersten Frage* und auch mit der *dritten Frage* wichtig: *Was feiern wir?* Und: *Was aus dem „Leben Gottes“ bewegt uns?*

Um den „weihnachtlichen Charakter“ des Gloria nicht zu verlieren, ist das Gloria textgebunden und sollte daher nur durch entsprechende „Glorialieder“ ersetzt werden.

Grundform

Die versammelte Gemeinde spricht oder singt das Gloria gemeinsam.

Weitere Möglichkeiten

Auch wenn das Gloria nicht ausgetauscht werden soll, ergeben sich Gestaltungsmöglichkeiten:

- Der Text des Gloria kann abwechselnd gesprochen oder gesungen werden – beispielsweise im Wechsel zwischen Kantor, Kantorin oder Chor und Gemeinde.
- Ein als Gloria vorgesehenes Lied aus dem Gesangbuch kann als Gloria gesungen werden.
- Wenn die Krippe in der Weihnachtszeit allgemein sichtbar in der Kirche aufgebaut ist, kann in der Heiligen Nacht und/oder an den Weihnachtsfeiertagen das Hinzustellen der Engel während des Gloria den Charakter des Festes und des Gesangs unterstreichen.
- Das Läuten der Glöckchen in der Osternacht und/oder in der Osterzeit während des Gloria kann den Zusammenhang zwischen Weihnachten und Ostern verdeut-

lichen. Gott wird Mensch, um damit die Menschen zur Auferstehung und zum ewigen Leben zu führen.

Zum Nachdenken

Du bist ein Gott, der Interesse an uns Menschen hat.

Du liebst uns, errettest uns und lässt uns bis in unsere tiefsten Sehnsüchte hinein nicht allein.

Wir können teilhaben an dir und deiner Herrlichkeit – jetzt vielleicht noch fragmentarisch, aber dann einmal voll und ganz, ohne Ende.

Dafür loben wir dich und danken dir: Ehre sei dir, o Gott!

Tagesgebet (Kollekte – Zusammenfassung)

Das Tagesgebet bildet den Abschluss der Eröffnung. Es fasst den Eröffnungsteil zusammen – deshalb trägt es auch den Namen „Kollekte", das meint „Zusammenfassung" – und führt zugleich zum Wortgottesdienstteil hin. So verbindet es wie ein Scharnier zwei Gottesdienstabschnitte miteinander. Im Wortgottesdienst „ergreift" dann „Gott das Wort". Das Gebet (Oration) richtet sich immer an Gott, den Vater, nicht an Christus. Ursprünglich war die Kollekte ein freies Gebet des Vorstehers, das die persönlichen Gebete der Mitfeiernden abschließend als Gemeindegebet zusammenfasste.

Für die Eucharistiefeier stehen im Messbuch Gebete zum jeweiligen (Fest-)Tag bzw. weitere Gebetstexte „zur Auswahl" zur Verfügung. Insbesondere in anderen Gottesdienstformen können die Gebete auch frei vorformuliert bzw. frei formuliert werden.

Aufbau des Gebets (und der Orationen allgemein)

Das Tagesgebet – wie auch das Gabengebet und das Schlussgebet in der Eucharistiefeier und wie auch andere gottesdienstliche Gebete – besteht aus mehreren verschiedenen Teilen:

- Am Beginn steht die Einladung zum Gebet („Lasset uns beten" oder „Wir wollen beten") mit einer kurzen Stille, in der sich die Gläubigen ihrer persönlichen Anliegen bewusst werden können.
- Dann folgt die Anrede Gottes (beispielsweise: „Guter Gott und Vater!")
- Möglich ist nun eine Aussage über die Situation, in der das Gebet gesprochen wird. (Etwa: „Wir haben uns hier versammelt, um gemeinsam mit der ganzen Kirche den Sonntag als den Tag der Auferstehung deines Sohnes zu feiern.")
- Nun schließt sich eine Aussage über eine Eigenschaft Gottes an, die in dieser Situation eine besondere Bedeutung hat. (Beispielsweise: „Du rufst uns zusammen, damit wir deine Familie bilden.")
- Dann folgt eine Bitte an Gott, dass er auch weiterhin an den Menschen und an der Gemeinde handeln möge. (Etwa: „Gib, dass wir die Frohbotschaft von unserem Herrn Jesus hören und aufnehmen und dass wir untereinander in geschwisterlichem Geist leben.")

- Den Abschluss bildet das Einbeziehen von Jesus Christus als Mittler. All das Vorgetragene erbittet die Gemeinde *durch Christus*, den Herrn, der die Menschen ermutigt hat, zu beten und sich vertrauensvoll an seinen Vater zu wenden.

Beispiel

Wir wollen beten und zuerst in einer kurzen Stille unsere Anliegen im Herzen sammeln.

(Stille)

Guter Gott und Vater!

Wir haben uns hier versammelt, um gemeinsam mit der ganzen Kirche den Sonntag als den Tag der Auferstehung deines Sohnes zu feiern.

Du rufst uns zusammen, damit wir deine Familie bilden.

Gib, dass wir die Frohbotschaft von unserem Herrn Jesus hören und aufnehmen und dass wir untereinander in geschwisterlichem Geist leben.

Dies bitten wir dich durch Jesus Christus, deinen Sohn. Amen

Erste Lesung und Zweite Lesung

Die *Erste Lesung* ist – außerhalb der Osterzeit – aus dem Alten Testament entnommen. Sie beschreibt die Leidensgeschichte, aber vor allem die Befreiungsgeschichte des Volkes Israel und steht in einem inneren Zusammenhang zum Evangelium und ist auf dieses abgestimmt. Relativ unvermittelt und unabhängig von der alttestamentlichen Lesung wie auch vom Evangelium folgt auf den Antwortgesang (s. u.) die *Zweite Lesung* aus dem Neuen Testament – genauer: aus der Apostelgeschichte, den Apostelbriefen oder der Offenbarung des Johannes. Die Zweite Lesung spricht damit von der Geschichte Gottes mit den Menschen, die nach der Menschwerdung und der Verkündigung Jesu weiter geht.

In den gebundenen Zeiten (Advents-, Fasten- und Osterzeit) sind alle drei Lesungen (Erste Lesung, Zweite Lesung und Evangelium) aufeinander bezogen.

Inhalte

Vom eben Gesagten her sind folgende inhaltliche Aspekte wichtig:

- Sowohl die Geschichte des Volkes Israel als auch die Geschichte des frühen Christentums ist eine Geschichte Gottes mit den Menschen.
- Beide Lesungen sind demnach Dokumente und Zeugnisse des Lebens Gottes mit seinem „Volk“ und des Volkes Gottes mit „seinem Gott“.
- Beide Lesungen sind Dokumente und Zeugnisse der Hoffnung und der Erfahrung der Menschen, die sich geschichtlich auf den Anruf Gottes eingelassen haben und seinem Weg folgten.
- In der zweiten Lesung wird besonders deutlich, dass die Geschichte Gottes mit den Menschen und die Geschichte der Menschen mit Gott nach Leben, Tod und Auferstehung Jesu Christi weitergeht – und durch das Wirkens des Geistes Gottes Gemeinde gebildet wird.

Vorbereitung

Für den Liturgiekreis ist die Auseinandersetzung mit der *dritten Frage* wichtig: *Was aus dem „Leben Gottes“ bewegt uns?* Es geht darum zu fragen, was die betreffenden Texte aus der Geschichte Gottes mit seinem Volk für die Gemeinde und Kirche, die im Heute „unterwegs“ sind, zu sagen hat. Auch wenn diese Überlegungen in der Regel keine direkte Auswirkung auf den Vortrag der Lesungen haben werden, sind sie im Hinblick auf andere Teile des Gottesdiensts wichtig. Ihre „Ergebnisse“ fließen etwa in den Kyrieruf, in das Tagesgebet und in die Predigt ein.

Es ist sinnvoll, die Lektoren bzw. Lektorinnen, welche die Lesungen vortragen, sowie die Bibelrunde, die sich u.U. mit der Textstelle beschäftigt hat, angemessen in die Vorbereitung des Gottesdienstes einzubinden.

Grundform

Die Lektorin bzw. der Lektor geht nach dem Tagesgebet bzw. dem Antwortgesang zum Ambo und trägt die Lesung vor.

Weitere Möglichkeiten

Weiterführende Gestaltungsmöglichkeiten sind auf Grund des feststehenden Textes und der zentralen Bedeutung der Lesungen als Wort Gottes beschränkt:

- Unter Umständen kann es sinnvoll sein, dass ein Lektor und eine Lektorin gemeinsam zum Ambo gehen und die Bibelstelle mit verteilten Rollen vorlesen.
- Um die Aufmerksamkeit der Zuhörenden auf Wesentliches zu lenken, können die Lesungen mit einer voran stehenden „Überschrift“ vorgetragen werden. Der Lektor bzw. die Lektorin beginnt dann beispielsweise mit: *„Christus ist der Urheber ewigen Heils.* – Lesung aus dem Brief an die Hebräer. ...“
- Der Zuruf nach der Lesung „Wort des lebendigen Gottes“, auf den die Gemeinde antwortet „Dank sei Gott“, kann eventuell mit einem kurzen (!) Anhang erweitert werden. So könnte er – je nach Inhalt der Lesung – etwa lauten: „Wort des lebendigen Gottes, der uns sein Heil schenkt.“

Antwortpsalm/Antwortgesang

Nach der ersten Lesung folgt der Antwortgesang oder Antwortpsalm. Er soll – egal ob gesprochen oder gesungen – auf die vorangegangene Lesung „antworten“ und hat deshalb einen Bezug zu ihr. Er soll das eben Gehörte in die Herzen eindringen und sich dort vertiefen lassen. Psalmen – als niedergeschriebene Antworten von Menschen auf das Handeln Gottes – eignen sich (sofern sie auf Inhalte der Lesung abzielen) als Antwortgesang. Es kann aber auch eine Zeit der Stille zur persönlichen Auseinandersetzung mit dem gerade Gehörten sinnvoll sein.

Inhalte

Vom eben Gesagten her ist folgender inhaltlicher Aspekt wichtig: In der Antwort auf das eben in der Lesung Gehörte beginnt das Wort Gottes mit dem Leben der Menschen zu „korrespondieren".

Vorbereitung

Für den Liturgiekreis ist die Auseinandersetzung mit der *dritten Frage* wichtig: *Was aus dem „Leben Gottes" bewegt uns?*

Es geht darum zu fragen, was die Gemeinde vom Wort Gottes aktuell und in der jeweiligen Situation anspricht und welche Antwort deshalb darauf angemessen ist. Daraus ergeben sich folgende *konkrete Einzelfragen:*

- Welches ist eine geeignete und den voraussichtlich Anwesenden entsprechende – inhaltliche – Antwort auf die Lesung? Vor dem Hintergrund der konkreten Situation der Gottesdienstgemeinde ist auch der von den liturgischen Büchern vorgeschlagene Antwortpsalm nochmals zu hinterfragen und gegebenfalls zu ersetzen.
- Welche Form (Musik, Lied, Gesang, Text, Stille ...) ist im Gottesdienst mit den Beteiligten und mit den zur Verfügung stehenden Mitteln zu realisieren?
- Welche betroffenen Personen sind u.U. in die Vorbereitung einzubeziehen (z.B. Kirchenmusiker, Kirchenmusikerin, Kantorin, Kantor)?

Grundform

Die Gemeinde singt den Antwortpsalm im Wechsel aus dem Gesangbuch oder den gleich bleibenden Kehrvers, während ein Kantor bzw. eine Kantorin die Psalmverse vorträgt.

Weitere Möglichkeiten

Eine „Antwort" auf die vorausgegangene Lesung kann neben dem Antwortpsalm auch anders ausfallen:

- Zur gesungenen Antwort auf die Lesung eignen sich auch die Antwortgesänge, die im Gesangbuch bei den Vorschlägen für die Tagzeitenliturgie (allgemein und zu den jeweiligen geprägten Zeiten) angegeben sind.
- Die Gemeinde singt statt des Antwortpsalms ein passendes Antwortlied. Dies hat allerdings den Nachteil, dass das Antwortlied wie ein Lied unter den anderen Gesängen des Gottesdienstes erscheint und dabei der besondere Charakter des Auf-die-Lesung-Antwort-Geben etwas verloren geht.
- Nach der Lesung kann eine Stille folgen, die den Zuhörenden die Möglichkeit gibt, das Gehörte bei sich selbst „nachwirken" zu lassen. Eine kurze Stille ist ebenso in jenen Fällen angebracht, in denen nach der Lesung ein Antwortgesang folgt.
- Auch meditative Instrumental-, Orgel- oder Chormusik kann in bestimmten Fällen das „antwortende" stille Nachdenken über die Lesung unterstützen.

- Zu leiser meditativer Musik oder in eine Stille hinein wiederholen ein Sprecher und eine Sprecherin abwechselnd einzelne Worte bzw. Halbsätze aus der gerade gehörten Textstelle, die die zentralen Gedanken noch einmal aufgreifen. Diese können gegebenenfalls aus einer Bibelrunde der Gemeinde stammen, die sich bei ihrem letzten Zusammensein mit der entsprechenden Lesung beschäftigt hat.
- Die Teilnehmer und Teilnehmerinnen am Gottesdienst haben auf einem Blatt Papier den Text der Lesung in der Hand. Sie können nun in Ruhe den gehörten Text noch einmal durchmeditieren. In einer kleinen Gottesdienstgruppe können die Teilnehmerinnen und Teilnehmer auch Textstellen, die sie besonders berühren, oder Gedanken, die ihnen zur Lesung kommen, kurz in die Stille oder in leise Musik hinein zu sprechen. Diese Äußerungen bleiben unkommentiert stehen.

Ruf vor dem Evangelium

Der Jubelruf, das österliche Halleluja, begrüßt feierlich das Evangelium und sollte daher immer gesungen werden. Jesus Christus, von dessen Wirken und Botschaft nun das Evangelium berichtet, hat die Menschen erlöst und befreit. Er selbst ist anwesend in seinem Wort. Die Frohbotschaft und in ihr Christus selbst sollen im Ruf vor dem Evangelium willkommen geheißen werden.

Die „Ankunft“ und Gegenwart Christi im Evangelium werden besonders deutlich, wenn das Evangelienbuch in einer feierlichen Prozession – mit Kerzen und gegebenenfalls Weihrauch – zum Ambo begleitet wird.

In der Österlichen Bußzeit entfällt das Halleluja. Es wird dann durch einen Christus-Ruf ersetzt.

Inhalte

Vom eben Gesagten her sind folgende inhaltliche Aspekte wichtig:

- Das Evangelium darf als froh machende Botschaft begrüßt werden, weil in ihm Christus nun selbst zu Wort kommt.
- Der – meist österliche – Ruf vor dem Evangelium begrüßt Christus, der in seinem Wort und in seinem erlösenden Handeln, das die Evangelien zum Thema haben, konkret den Menschen begegnet.

Vorbereitung

Für den Liturgiekreis ist die Auseinandersetzung mit der *dritten Frage* wichtig: *Was aus dem „Leben Gottes“ bewegt uns?* Es geht darum zu fragen, was das Evangelium in die aktuelle Situation der Gemeinde hinein spricht und wie Christus – und in welcher seiner erlösenden Eigenschaften – besonders zu begrüßen ist. Daraus ergeben sich folgende *konkrete Einzelfragen:*

- Welcher Halleluja-Ruf bzw. Ruf vor dem Evangelium und welcher biblische Vers, der sich auf das nun folgende Evangelium bezieht, sind für den Anlass und die Situation passend?
- Sollte die Evangeliumsprozession u. U. einen besonderen Weg nehmen – z. B. einen längeren an kirchlichen Hochfesten oder von der Krippe vor dem Altar weg zum Ambo an Weihnachten?
- Welche betroffenen Personen sind u. U. in die Vorbereitung einzubeziehen (z. B. Kirchenmusiker, Kirchenmusikerin, Kantorin, Kantor)?

Grundform

Der Kantor bzw. die Kantorin singt den Ruf vor dem Evangelium vor, die Gemeinde wiederholt diesen Ruf.

Weitere Möglichkeiten

Der Ruf vor dem Evangelium kann auch in besonderer Weise gestaltet werden:
- Während in einer Prozession das Evangelienbuch (u. U. mit Kerzen und Weihrauch) zum Ambo getragen wird, begleitet diese die Gemeinde mit Hallelujarufen, zwischen denen vom Kantor bzw. von der Kantorin vorgetragene Verse den im Wort gegenwärtigen Christus begrüßen.
- Nach dem abschließenden Hallelujaruf der Gemeinde kann der Chor mit einer angehängten passenden Hallelujakomposition die Feierlichkeit unterstreichen.
- Die Kinder – bei einer kleineren Gruppe auch die ganze Gottesdienstgemeinde – werden eingeladen, sich rund um den Ambo zu versammeln.

Evangelium

Die Offenbarung, in der sich Gott selbst den Menschen zuwendet, hat in Jesus Christus seinen unüberbietbaren Höhepunkt. Die Evangelientexte sind verdichtete Darstellungen seines menschlichen Lebens, von Geburt bis zum Tod und seiner Auferstehung. Das Evangelium steht aber auch als Symbol seiner Anwesenheit: Christus selbst ist in seinem Wort inmitten der Gemeinde gegenwärtig.

In der Eucharistiefeier ist die Verkündigung des Evangeliums dem Priester oder dem Diakon vorbehalten.

Inhalte

Vom eben Gesagten her sind folgende inhaltliche Aspekte wichtig:
- Die Heilige Schrift mit dem Evangelium ist Symbol der Anwesenheit Jesu Christi inmitten der Gemeinde durch sein Wort.
- Die Gegenwart von Christus im Evangelium konkretisiert sich dabei nochmals in der inhaltlichen Beschreibung seines Lebens, Todes und seiner Auferstehung.

Vorbereitung

Für den Liturgiekreis ist die Auseinandersetzung mit der *dritten Frage* wichtig: *Was aus dem „Leben Gottes" bewegt uns?* Daraus und aus dem oben Gesagten ergeben sich folgende *konkrete Einzelfragen:*

- Welche (feierliche) Form ist zu beachten, damit zum Ausdruck kommt, dass im Evangelium Gott in seinem Wort anwesend ist – z.B. Evangelium immer aus einem aufwändig gestalteten Buch und nicht von einem Zettel ablesen, Weihrauch an Hochfesten ...?
- Was ist in der konkreten Situation das „Frohmachende" der Frohbotschaft?
- Was will Gott durch sein Wort der beim Gottesdienst anwesenden Gemeinde sagen?

Grundform

Nach dem dialogischen Zuspruch, dass Christus mit der Gemeinde und dem Priester/Diakon ist, bezeichnet der Priester/Diakon die Heilige Schrift und sich selbst mit dem Kreuzzeichen. Auch die Gemeindemitglieder bekreuzigen sich mit dem so genannten kleinen Kreuzzeichen.

Weitere Möglichkeiten

Am Vortrag des Evangelium selbst darf nichts verändert werden. Trotzdem gibt es Möglichkeiten, das Feierliche der Verkündigung des Wortes Gottes zu unterstreichen:

- Der Priester oder Diakon soll beim Ruf „Evangelium unseres Herrn Jesus Christus", der nach der Verkündigung des Evangeliums vorgeschlagen wird, das Evangelienbuch hochhalten und der Gemeinde zeigen.
- Nach der Verkündigung des Evangeliums kann das Evangelienbuch (oder die ganze Heilige Schrift) zu einem geeigneten Ort gebracht und dort – u.U. aufgeschlagen bei der Evangelienstelle des Tages – aufgestellt werden. Dieser Platz sollte hervorgehoben sein, aber nicht im Mittelpunkt stehen, da im weiteren Verlauf der Eucharistiefeier nach dem „Tisch des Wortes" der „Tisch des Mahles" zentrale Bedeutung erhält. Das Buch kann dort auch außerhalb der Gottesdienste Kirchenbesucherinnen und Kirchenbesucher einladen, die dort aufgeschlagene Textstelle zu lesen und zu meditieren. In keinem Fall ist es sinnvoll, das Evangelienbuch nach der Verkündigung des Evangeliums unter dem Ambo „verschwinden" zu lassen.

Zum Nachdenken

Die Liturgie selbst ist ein Symbol, weil sie für die Wirklichkeit Gottes und der Menschen steht. In ihr kommt die Heilige Schrift besonders zur Geltung.

Die Heilige Schrift ist ein Symbol, ...

- weil in ihr die Wirklichkeit des Lebens Gottes mit den Menschen und der Welt fragmentarisch dargestellt wird, die als ganze nicht dargestellt werden kann.

- weil in ihr Grunderfahrungen und Grundhoffnungen der Menschen ausgesprochen werden – wobei die gesamten Grunderfahrungen und Grundhoffnungen der Menschen nie ausgesprochen werden können.
- weil Menschen sich mit ihren eigenen Erfahrungen und Hoffnungen widergespiegelt finden und die Wirklichkeit des Lebens Gottes mit den Menschen und der Welt für sich selbst als Anruf annehmen können.

Die Heilige Schrift wird – wie alle anderen Symbole – durch ihre Lebensrelevanz und ihre sinnstiftende Annahme durch Menschen zu einem Symbol. Ein Symbol ist nie endgültig interpretierbar, sondern ermöglicht es den Menschen immer wieder neu, ihr Leben darin zu entdecken und neue Orientierung für ihr Leben zu finden.

Die Heilige Schrift ist nicht nur ein Symbol für die einzelnen Christen, sondern wesentlich ein Symbol der Gemeinschaft der Christen. Dadurch wird sie auch zu einem Zeichen der Einheit – auch über die Jahrhunderte hinweg.

Homilie

Das Geschehen und die Texte, die in den Lesungen und im Evangelium verkündet werden, sind nicht nur „fromme“ Geschichten, die sich vor zweitausend oder viertausend Jahren zugetragen haben. Es handelt sich um *Heilsgeschichte* – um die Geschichte Gottes mit den Menschen –, die über Generationen hinweg ihre Fortsetzung findet.

Der Gott, der sich Abraham, Moses, Rut, Jeremia, Maria, Jakobus usw. zugewendet hat, wendet sich auch den Menschen heute – tausende Jahre nach der Schriftwerdung – wieder in gleicher Weise zu. Er hat an jedem und jeder Einzelnen, an der Menschheit und an der Welt von heute nicht weniger Interesse als an der „biblischen Welt“. Er engagiert sich in der heutigen Welt und unter den modernen Menschen ebenso wie zu den Zeiten der Propheten und zur Zeit Jesu.

Ebenso wie die Menschen der biblischen Zeiten sind auch Menschen heute verwiesen auf die Erfahrungen, die Andere mit Gott gemacht haben, auf deren Hoffnung und Anspruch an uns (so verdeutlicht sich Gottes Anspruch). Die Erkenntnis des Weges Gottes können auch wir nur über den Weg der Erfahrung und des Vertrauens gewinnen. Mit diesen Menschen teilen wir die Grundhoffnungen aller Menschen ebenso wie die Grunderfahrungen: *Die Beziehung Gottes zu uns, unsere Hoffnung und Erfahrung sind diejenigen Konstanten, die uns mit den biblischen Menschen gleichstellen und auf deren Hintergrund wir die Heilige Schrift zu verstehen suchen können.*

Von den biblischen Menschen sind heutige Menschen getrennt durch die Unterschiede in Kultur, Sprache, Ausdrucksweise, Lebensform, Weltbild usw. Kenntnisse über den Hintergrund der biblischen Zeit versucht die wissenschaftliche Exegese in ihrer Auslegung der Heiligen Schrift einzuarbeiten. Dies ist eine bedeutende Hilfe für das rechte Hören und Lesen der Schrift. Gläubig fruchtbar werden die Hintergrundinformationen aber erst dann, wenn sie hinführen zur Wiederentdeckung der persönlichen Erfahrung und Hoffnung in den Erfahrungen und Hoffnungen, wie sie in den Dokumenten und Zeugnissen der Heiligen Schrift niedergelegt sind.

Die Homilie oder Predigt versucht, die biblischen Erfahrungen für heute und konkret für die Menschen im Gottesdienst „aufzuschließen" und zu „aktualisieren".

Inhalte

Vom eben Gesagten her sind folgende inhaltliche Aspekte wichtig:

- Das Leben der Menschen korrespondiert mit dem „Leben Gottes", das sich uns in den Lesungen offenbart. Menschen an allen Orten und zu allen Zeiten können Gott in seinem Wort und in seinem Handeln erfahren.
- Es gibt Unterschiede zwischen den biblischen und den heutigen Erfahrungen, die es notwendig machen, das in der Heiligen Schrift Aufgezeigte für heute zu „übersetzen".

Vorbereitung

Für den Liturgiekreis ist in der Vorbereitung die Auseinandersetzung mit *allen drei Fragen* wichtig: *Was feiern wir? Was aus unserem Leben bewegt uns? Was aus dem „Leben Gottes" bewegt uns?*

Es geht darum, u. U. gemeinsam mit dem Prediger zu überlegen, was das Wort Gottes in der Situation der Menschen im Gottesdienst bedeuten könnte und wer hier u. U. ein aktuelles Zeugnis geben könnte. Daraus und aus dem oben Gesagten ergeben sich folgende *konkrete Einzelfragen:*

- Welche wichtigen Anregungen, die das Wort Gottes für heute verständlich machen, kann der Liturgiekreis – oder auch eine andere Gruppe – dem Prediger für seine Homilie mitgeben?
- Welches persönliche Glaubenszeugnis von einem Gemeindemitglied kann verständlich machen, was das Wort Gottes ins Heute gesprochen meint?

Grundform

Der Priester oder Diakon wendet sich als Leiter bzw. als zentral Mitverantwortlicher der eucharistischen Versammlung vom Vorstehersitz an die Gemeinde.

Weitere Möglichkeiten

Auch wenn die Predigt in der Eucharistiefeier dem geweihten Amtsträger vorbehalten ist, gibt es Möglichkeiten, die Predigt zu „erweitern":

- Der Priester oder Diakon leitet ein und lädt dann ein oder zwei Mitglieder der pfarrlichen Bibelrunde zu einem Glaubenszeugnis ein. Die Bibelrunde hat sich einen Abend lang mit dem Evangelium des Sonntages beschäftigt. Sie legt nun der Gemeinde kurz dar, was ihr an diesem Abend an der Textstelle wichtig geworden ist. Abschließend stellt der Priester oder Diakon das Gesagte in den großen Horizont des heilgeschichtlichen und eucharistischen Geschehens und in den Horizont der Gemeinde.

- Je nach besonderem Anlass können auch andere Gemeindemitglieder im Rahmen der Predigt ein Glaubenszeugnis abgeben – z.B. beim Weltmissionssonntag ein Mitglied des Arbeitskreises „Gerechtigkeit – Entwicklung – Frieden“ oder eine Tischmutter bzw. ein Tischvater im Zusammenhang mit der Erstkommunion.

Glaubensbekenntnis

Das Glaubensbekenntnis bekräftigt nach dem Hören und Auslegen des Wortes Gottes den Willen, diesem Anspruch, den Gott an die Menschen stellt und der zugleich gelingendes Leben verheißt, ernst zu nehmen.

Dazu bekennt die Gemeinde ihren Glauben an den Gott, der zum Heil der Welt und der Menschen handelt – in seiner Schöpfung, in der Menschwerdung seines Sohnes, in der Sendung seines Geistes ...

Inhalte

Vom eben Gesagten her und dies auch weiterführend sind folgende inhaltliche Aspekte wichtig:

- Das Glaubensbekenntnis antwortet mit der Bekräftigung des Glaubens auf den Anspruch, den die Verkündigung des Wortes Gottes in den Lesungen und seine Auslegung an die Gemeinde erhebt.
- Das Glaubensbekenntnis stellt zugleich die Einzelaspekte des Festes und der Lesungen in den Gesamtzusammenhang der Heilsgeschichte, der Geschichte des liebenden Gottes mit den Menschen.

Grundform

Die Gemeinde spricht oder singt nach der Aufforderung durch den Priester das Große oder das Apostolische Glaubensbekenntnis.

Weitere Möglichkeiten

Statt des Textes des Glaubensbekenntnisses kann auch ein Credolied vorgesehen werden. Hier ist darauf zu achten, dass nur eines der dafür vorgesehenen Lieder verwendet wird, das den Text des Glaubensbekenntnisses gut wiedergibt.

Zum Nachdenken

An den Gott, der sich uns in den Lesungen geoffenbart hat, dürfen wir und wollen wir als Gemeinschaft von Menschen, die ihr Leben auf Gott, unseren Vater, hin ausrichten wollen, glauben.

Wir glauben daran, dass Gott überreiche Liebe und Beziehung ist. Er ist *dreifaltig.* Das heißt, die Beziehung in Gott selbst ist so intensiv, dass sie zum Vorbild jeder Beziehung unter Menschen wird.

Gott, der Vater, selbst ist ausufernde Liebe und Beziehung, er verschenkt sich an andere. So schafft er die Welt und den Menschen aus Liebe. Es gibt eine Sehnsucht

Gottes nach der Schöpfung, der die Sehnsucht des Menschen nach dem unendlichen Gott entspricht.

In *Jesus Christus* hat Gott seine Sehnsucht ans Ziel gebracht. In ihm sind Gott und Mensch untrennbar und doch ganz da. Gott ruht in Jesus am Herzen des Menschen und umgekehrt. In Jesus ist Gott mit seiner Schöpfungsabsicht an sein Ziel gelangt. Mit ihm hat deshalb die Endzeit begonnen.

Durch die *Nähe Gottes zu den Menschen im Heilsgeschehen Jesu* ist ein Stück Welt umgewandelt worden in einen Lebensraum, der durchformt ist vom Lebenswillen Gottes, in sein Reich, in dem er herrscht und König ist. In diesem Lebenskreis kommt der Mensch zur Entfaltung seiner Menschlichkeit, findet Frieden, Freude, Gerechtigkeit. Die Menschen werden in diesem Milieu erlöster. Sie finden den Shalom, den Frieden, der auf gelingenden Beziehungen beruht. Was in Jesus geschehen ist, ist Gottes Absicht für die ganze Schöpfung. Wer Jesus folgt, wer mit ihm – mit seinem Leben und Tod und seiner Auferstehung – verwächst und damit Leib Christi wird, gelangt in den Lebensumkreis Gottes. Er wird umgewandelt, erlebt schon jetzt einen Übergang vom Tod zum Leben, vom Bannkreis der Angst in den Umkreis des Vertrauens. Es vollzieht sich an ihm Auferweckung, die sich in der Liebe zu den Brüdern und Schwestern zeigt. Ein Stück Welt wird dadurch gewandelt. Der *Geist* schenkt und ist Ausdruck dieses Lebens, das die Menschen aus der Zuwendung Gottes erhalten. Er schenkt nicht beschränktes, sondern volles Leben, das in dieser Welt schon angebrochen ist, aber auch seiner Vollendung am Ende aller Zeiten bedarf.

Die *Kirche* ist ausdrücklicher und dynamischer Ort der Umwandlung der Welt durch Gottes Macht und Gnade. Sie ist „Haus Gottes", sie ist aber nicht Reich Gottes in seiner Vollgestalt. Deshalb ist sie zunächst nicht eine Institution mit Lehren, Normen und religiösen Riten, sondern primär ein Stück verwandelte Welt. Sie ist der Ort, an dem Menschen wissen und daraus leben, dass Gott unter ihnen wohnt und sich dies im Umgang der Menschen miteinander und füreinander auswirkt. Durch diese lebensmäßige Umwandlung, die dann in wahrhafter Verkündigung zur Sprache kommt, bezeugt die Kirche die Anwesenheit Gottes, hält sie Gott wach, der das Heil der Welt ist. Kirche ist Gemeinschaft der Heiligen, aber auch der Sünderinnen und Sünder, die der Vergebung bedürfen – aber auch der Ort, an dem diese Vergebung von Gott und untereinander geschenkt wird.

Gebet der Gläubigen

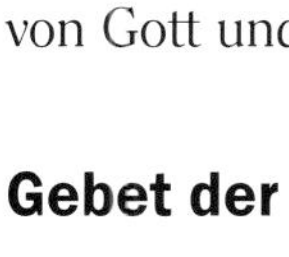

„Gebet der Gläubigen" ist die liturgische Bezeichnung für die „Fürbitten". Dieser Ausdruck bezeichnet den Unterschied zu den „Gebeten der Kirche" (Orationen, Hochgebet) und dem „Vater Unser" als „Gebet des Herrn". Die Fürbitten haben ihren eigenen Platz in der Eucharistiefeier: Nach dem Bußakt, in dem sich die Gemeinde auf ihre eigene(n) Situation(en) besinnt, und nach den Lesungen und der Homilie, in denen Gottes Leben und Handeln unter den Menschen und in der Welt sichtbar wird, ergibt sich eine Spannung zwischen unserer eigenen Situation und dem Heilshandeln Gottes. Weil Christen und Christinnen glauben und erfahren, dass Gott ein heilender und entgegenkommender Gott ist, der gerade auch die menschlich ungenügenden Situationen auffängt und verwandelt, thematisieren sie nach dem Eröffnungsteil mit Bußakt und am Ende des Wortgottesdienstteils diese Spannung – zwischen eigener Begrenztheit und dem heilvollen Handeln Gottes – in Form von Bitten.

Die Fürbitten stehen vor der Gabenbereitung, mit der die Mahlfeier beginnt. Sie weisen aber auch schon auf die Mahlfeier hin und bilden einen sinnvollen Übergang: Mit den Gaben Brot und Wein legt die Gottesdienstgemeinde auch ihre Situation, ihre Nöte und Sorgen auf den Altar, damit Gott sie wie das Brot und den Wein wandle.

Die Eucharistiefeier ist *Feier der ganzen Kirche in einer konkreten Gemeinde.* Deshalb sollten die Bitten der Gottesdienstgemeinde nicht nur um die eigenen gemeindlichen und persönlichen Anliegen kreisen, sondern dürfen die Bitten der ganzen Welt und der Kirche mit einschließen. Daher sind folgende Anliegen offiziell vorgesehen:

- für die (Welt-)Kirche
- für die Regierenden, alle Menschen und das Heil der ganzen Welt
- für alle von verschiedener Not Bedrückten
- für die (Orts-)Gemeinde

Diese Ordnung will den Horizont aufzeigen, den die Bitten umfassen sollten, damit sie wirklich von der Gemeinde im Namen der Kirche gesprochen werden können.

Inhalte

Vom eben Gesagten her sind folgende inhaltliche Aspekte wichtig:

- Angesichts des eigenen Bemühens um eine bessere Welt, aber auch angesichts der immer wieder erfahrenen eigenen Begrenztheit und Unzulänglichkeit, bringt die Gemeinde in den Fürbitten ihre Anliegen vor Gott, der das, was den Menschen fehlt, „richten" kann.
- Vor dem Beginn der Mahlfeier gesprochen, zeigen die Fürbitten auch an, dass alle Anliegen und Bitten – die jetzt ausgesprochenen, aber auch die unausgesprochenen – mit „zum Altar" genommen und so Gott anvertraut werden können.
- Die Eucharistiefeier ist keine „Privatfeier" der einzelnen Gemeinde, sondern immer auch Feier der ganzen Kirche, die auch Kirche *für* die Welt ist. Diese Weite der Feier soll auch in den Fürbitten zum Ausdruck kommen, die nicht (nur) die nahe liegenden Anliegen der Gemeinde, sondern Welt und Kirche mit einbeziehen.

Vorbereitung

Für die Liturgiegruppe ist vor allem die Auseinandersetzung mit der *zweiten Frage* wichtig: *Was aus unserem Leben und aus dem Leben der Gemeinde bewegt uns?* Es geht darum, von der Gemeinde auszugehen, aber von ihr aus Kirche und Welt in den Blick zu nehmen und die sich daraus ergebenden Anliegen aufzugreifen und zu formulieren.

Daraus und auch aus dem oben Gesagten ergeben sich folgende *konkrete Einzelfragen:*

- Welche Anliegen sind konkret durch die Gemeinde von ihrer Situation her aufzugreifen?
- Welche zusätzlichen Anliegen legen u. U. die heutigen Lesungen (inklusive Evangelium) nahe? (Vorsicht: Fürbitten sollen unter keinen Umständen zu einer „Bittpredigt" werden!)
- Ist mit den bisher gesammelten Bitten die Breite der Anliegen, die im Namen der Kirche aufgegriffen werden sollen, gewährleistet? Was sollte noch ergänzt werden?
- Wie lassen sich aus den gesammelten Anliegen kurze prägnante Bitten oder Bittrufe formulieren, die einerseits so konkret sind, dass sie zu wirklichen „Anliegen" der Gemeinde werden können, die aber andererseits so offen – also nicht polemisierend, moralisierend oder ausschließend – und allgemein verständlich sind, dass alle Gemeindemitglieder gut „Amen" zu ihnen sagen können?
- Welcher Antwortruf der Gemeinde auf die einzelnen Bitten soll verwendet werden? Bedarf es bei einer gesungenen Form einer Abklärung mit dem Kantor bzw. der Kantorin oder der Kirchenmusikerin bzw. dem Kirchenmusiker?

Grundform

Der Priester leitet die Fürbitten vom Vorstehersitz aus ein. Danach werden die Anliegen von einem Lektor bzw. einer Lektorin vorgetragen. Die Gemeinde antwortet mit einem Gebetsruf. Der Priester beendet nach den einzelnen Bitten die Fürbitten mit einem Gebet, das für Gottes Hilfe dankt.

Die Bittrufe der Gemeinde können von dieser sowohl gesprochen als auch gesungen werden.

Weitere Möglichkeiten

Bei den Fürbitten sind viele Variationen denkbar:

- Bei dem die einzelne Bitte abschließenden Ruf gibt es eine Reihe von bekannten Möglichkeiten, z.B.: „Wir bitten dich, erhöre uns." – V: „Herr erbarme dich." / A: „Christus erbarme dich. Herr erbarme dich." – V: „Christus höre uns." / A: „Christus erhöre uns." Es ist aber auch möglich, je nach Anlass eigene Rufe zu formulieren, z.B. in der Weihnachtszeit: V: „Gott, du Licht in der Nacht." A: „Steh uns bei." Ein unbekannter Ruf sollte kurz und gut zu merken sein. Er muss vor der ersten Bitte angesagt werden. Wichtig ist, darauf zu achten, dass die Anrede in den Bitten und in der Antwort der Gemeinde übereinstimmt. (Falsch wäre: „*Vater*, wir bitten ... – *Christus*, höre uns.")
- Die einzelnen Fürbitten können auch „zweigeteilt" gestaltet werden. Dann nennt man zuerst allgemein das Anliegen oder die Personengruppe, an die gedacht wird, und formuliert erst anschließend die konkrete Bitte – z.B.: „Für alle Menschen, die dich nicht kennen: Guter Gott, schenke ihnen die Erfahrung deiner göttlichen Gegenwart." Zwischen den beiden Teilen kann eine kurze Stille dazu dienen, dass

die Gemeinde sich auf die Bitte einstellen kann und u. U. konkrete Personen oder Situationen, die der oder die Einzelne kennt, mit ins Gebet hinein nehmen kann.

- Der Priester leitet die Fürbitten ein. Unter Zuhilfenahme eines Funkmikrophons wenden sich nun Gläubige (Männer, Frauen, Kinder) von den Bänken bzw. vom Mittelgang (oder einem anderen geeigneten Ort) aus mit den (vorbereiteten) Bitten Richtung Altar. Damit soll zum Ausdruck kommen, dass es sich um das Gebet der Gläubigen handelt, das sie in Form von Bitten „auf den Altar legen". Dies kann noch dadurch unterstrichen werden, dass für die einzelnen Bitten kleine Zeichen vor dem Altar abgelegt werden.
- In Gottesdiensten mit einer kleineren Gruppe können die Teilnehmer und Teilnehmerinnen auch eingeladen werden, ihre Bitten und Anliegen spontan zu formulieren und damit um das Mitgebet der Anderen zu bitten. Bei einer solchen Vorgehensweise ist es gegebenenfalls sinnvoll, in dem abschließenden Gebet darauf hinzuweisen, dass bei Gott die geäußerten Bitten, aber auch alle – jetzt nicht thematisierten – aktuellen Anliegen in Kirche und Welt gut aufgehoben sind und dass die Feiernden ihm dafür danken.

Gabenbereitung

Die Gabenbereitung vollzieht einen Ortswechsel. Vom Ort der Leitung und dem Ort des Wortes geht es hin zum Altar, zum *Tisch des Brotes*.

Die Gabenbereitung greift die vorausgehenden Teile der Messe und die Fürbitten und das, was dort ausgesprochen und unausgesprochen an Leben zum Ausdruck gekommen ist, auf: in Symbolen und Zeichen, die die Mühsal und die Freuden unseres Lebens darstellen, und in den Gaben für Arme und Notleidende.

Nun bereitet sich die Gemeinde darauf vor, Christus zu begegnen. Als *gastgebender Christus* lädt er zu seinem Mahl ein. Als *hingebender Christus* gibt er sich selbst zur Speise.

Christus ist Mensch geworden. So hat er sich das menschliche Leben, alle Not und die ganze Schöpfung zu eigen gemacht. Jetzt macht er sich das konkrete Leben der Menschen in dieser Woche – in dieser Gemeinde und in der Welt – zu eigen. Er verheißt, dass alle „Anteil erhalten an seiner Gottheit" und die Gaben von ihm als „Brot des Lebens" und „Kelch des Heiles" wieder empfangen. So darf die Gemeinde alles zu ihm bringen.

Inhalte

Vom eben Gesagten her sind folgende inhaltliche Aspekte wichtig:

- In der Gabenbereitung trägt die Gemeinde – v. a. mit den Gaben von Brot und Wein – ihr Leben vor Gott.
- In der Gabenbereitung bittet die Gemeinde Christus darum, dass er ihr Leben und das Leben aller Menschen annehmen und verwandeln möge – dass alles in sein wahres Leben hineingenommen und zum Heil werden möge.

Vorbereitung

Für die Liturgiegruppe ist vor allem die Auseinandersetzung mit der *zweiten Frage* wichtig: *Was aus unserem Leben und aus dem Leben der Gemeinde bewegt uns?* Hinzu kommt noch die *erste Frage* nach den theologischen Inhalten des (Fest-)Tages: *Was feiern wir?* Daraus ergeben sich folgende *konkrete Einzelfragen:*

- Wofür will die Gemeinde um „Wandlung" bitten?
- In welchen Zeichen und Symbolen können – neben Brot und Wein als Grundsymbolen von Freude und Mühsal des menschlichen Lebens – die Anliegen und Lebensaspekte, für welche die Gemeinde um Wandlung bittet, dargestellt werden?
- Welche Begleitgesänge, welche Instrumentalbegleitung oder welche Begeleittexte passen? Sind gegebenenfalls eigene Begleittexte zu formulieren?

Grundform

Der Priester bereitet den Altar. Dann bringen Gemeindemitglieder Hostienschale, Wein und Wasser als Symbole für ihr Leben zum Altar. Der Priester nimmt diese Gaben entgegen. Ministranten und Ministrantinnen oder Leute der Kirchenverwaltung / des Kirchenrates sammeln (gut organisiert) die Kollekte ein und stellen sie als Gabe der Gemeinde für die Armen oder für die Pfarrgemeinschaft auf einen Beitisch oder vor den Altar.

Es folgen die (mögliche) Inzens – die Beweihräucherung – der Gaben, die Händewaschung und abschließend das Gabengebet.

Weitere Möglichkeiten

Bei der Gabenbereitung lassen sich einzelne Elemente verdeutlichen und in ihrem Sinn besonders hervorheben:

- Der Priester oder ein Gemeindemitglied, das bei sozialen Aufgaben engagiert ist, nennt am Beginn der Gabenbereitung den Zweck der Kollekte. Damit lässt sich deren Sinn und Bedeutung unterstreichen. Von der Tradition her ist das gesammelte Geld für Notleidende bestimmt. Mit dem Nach-vorne-Bringen der Kollekte sind das Einsammeln des Geldes und die Gabenprozession dann abzuschließen.
- Der Priester bereitet gemeinsam mit Ministranten und Ministrantinnen den bisher leeren Altar (Korporale, Kerzen, Kreuz ...). Er lädt die anwesenden Kinder ein, den Tisch des Brotes zu schmücken, indem sie z.B. Blumen um den Altar legen.
- Zu einem Musikstück oder zwischen einem sich wiederholenden Kehrvers tragen Gemeindemitglieder aus dem Gemeinderaum Brot, Wein, Wasser – gegebenenfalls weitere geeignete Symbole, die das Leben konkret vor Ort und zur jeweiligen Zeit symbolisieren – das Fürbittenbuch und die gesammelte Kollekte zum Altar. Sie bitten Gott darum, dass er alles verwandle. Neben Brot und Wein sollten nur wenige, aber prägnante Zeichen verwendet werden. Es können auch bestimmte Zeichen immer wiederkehren z.B. die Geld-Kollekte oder das Fürbittenbuch als Zeichen für

die Bitten, welche die Gemeinde nun auch in der Eucharistiefeier vor Gott bringt. Beispielsweise können passende Symbole – je nach Anlass und Situation auszuwählend – ein Terminkalender, eine Taufkerze, eine Schlagzeile aus der Zeitung mit Foto (als Kopie auf DIN A3) sein. Dabei können – zwischen einem gleich bleibenden gesungenen Kehrvers – folgende oder ähnliche Texte gesprochen werden:
Person mit Terminkalender:
Wir loben dich, guter Gott, und danken dir, für die Zeit, die du uns Menschen schenkst. Dieser Terminkalender ist Zeichen unserer Hektik und Unruhe.
(Kehrvers)
Person mit Taufkerze:
Wir loben dich, guter Gott, und danken dir für unsere Kinder. Du wirst ihnen in der Taufe zum Vater und Erlöser. Diese Taufkerze ist Zeichen dafür.
(Kehrvers)
Person mit Kollekte:
Wir loben dich, guter Gott, und danken dir, dass du auf der Seite der Armen stehst. Diese Kollekte ist Zeichen unserer Anteilnahme an der Not der Flüchtlinge in unserer Nachbargemeinde.
(Kehrvers)
Personen mit Schlagzeile und Fürbittenbuch:
Wir loben dich, guter Gott, und danken dir, denn du siehst das Elend deines Volkes und hörst seine Klage. Diese Pressemeldung und unser Fürbittenbuch bezeugen diese Not.
(Kehrvers)
Personen mit Brot, Wein und Wasser übergeben diese Gaben dem Priester.
Dieser spricht:
Gepriesen bist du, Herr, unser Gott ...
(Kehrvers)
(Nur Brot, Wein und Wasser kommen auf den Altar. Die anderen Zeichen werden vor oder neben dem Altar auf einem Beitisch aufgestellt.)

- Neben der Geldkollekte können gegebenenfalls weitere Gaben, die von der Gemeinde zum Teilen – besonders für die Armen – bestimmt sind, bei der Gabenprozession mitgetragen werden.

Zum Nachdenken

Was wir zum Altar bringen, sind die Dimensionen unseres Lebens.

Wir tragen sie zusammen, damit sie und wir selbst Wandlung erfahren. Wir bringen das, was unser Leben ausmacht: Nahrung, Solidarität, Hilfsbereitschaft, Freude, Ängste und Sorgen ...

All das hat der einzelne Mensch nicht aus sich selbst, sondern immer auch durch das Leben anderer Menschen und mit ihnen gemeinsam ...

Wir tragen unser Leben *gemeinsam* zum Tisch des Brotes. Wir geben es in die Hingabe Christi hinein, um es gewandelt zurück zu erhalten ...

Das Hochgebet

Das Hochgebet, das mit der Präfation beginnt und über die Wandlungsworte bis zum abschließenden Lobpreis „Durch ihn und mit ihm ...“ reicht, nimmt die gesamte feiernde Gemeinde vertiefend mit in die Heilsgeschichte.

Die Zuwendung und Hingabe Gottes, die er den Menschen schenkt und die bereits in den Lesungen des Wortgottesdienstes Thema waren und die in Menschwerdung, Sterben und Auferstehung Jesu ihren Höhepunkt finden, sind Mittelpunkt des eucharistischen Gedächtnisses. Auf diese Hingabe Gottes, auf das konkrete Hineingenommensein in die Heilsgeschichte können Menschen Gott „nur noch“ loben, preisen und vor allem danken.

Im Hochgebet finden Lobreis und Dank an Gott ihren besonderen Ausdruck. Auch wenn das Beten des Hochgebetes dem Priester vorbehalten ist, so wird es notwendig mitgetragen durch die zustimmende Teilnahme der Gemeinde, die in den Lobpreis in Form von zustimmenden Akklamationen einstimmt und ihrem Dank für Gottes Wirken in der heutigen Welt Ausdruck gibt.

Insgesamt setzt sich das Hochgebet selbst aus mehreren einzelnen Elementen zusammen.

Die einleitende *Präfation* nimmt – je nach Anlass oder Festtag – besondere heilsgeschichtliche Geheimnisse (in besonderer Weise das Werk der Schöpfung und Erlösung) dankend in den Blick.

Die Gemeinde kann und darf antwortend einstimmen mit Lobpreis der himmlischen Liturgie, die im gemeinsamen Ruf des *Sanctus* „Heilig, heilig, heilig“ zum Ausdruck kommt. Der große Dank zur Eröffnung des Hochgebets führt damit zur Gemeinschaft mit den Chören der Engel und mit den Heiligen, die Gott im Himmel schauen. In seiner Berufungsvision sieht der Prophet Jesaja den Herrn auf seinem Thron im Tempel und hört die Engel rufen: „Heilig, heilig, heilig ist der Herr der Heere. Von seiner Herrlichkeit ist die ganze Erde erfüllt“ (Jes 6,3). Dieser Gesang erweitert das Sanctus durch das Benedictus, das Jesus Christus als König zeigt, der Jerusalem in Besitz nimmt. „Hosanna dem Sohn Davids! Gesegnet sei er, der kommt im Namen des Herrn“ (Mt 21,9b). Im Sanctus verbinden sich damit die Gesänge des Himmels und Erde im Blick auf Christus. Das Sanctus ist dabei nicht irgendein Loblied, es ist vielmehr Teilnahme der Gemeinde an der himmlischen Gottesverehrung.

Je nachdem, welches Hochgebet gewählt wird, greift es nach dem Sanctus noch einmal Dank bzw. Lobpreis auf. Es mündet dann in die *Herabrufung des Heiligen Geistes* und in die Bitte um Heiligung der Gaben. Gottes Geist soll wirken, damit die Gaben von Brot und Wein zu wirklichen Zeichen Christi Gegenwart werden und erfahren werden kann, dass der Herr selbst mitten in der Gemeinde ist.

Das Geschehen der Hingabe Jesu im Abendmahlsaal ruft der Priester mit den *Einsetzungsworten* bei jeder Eucharistiefeier in Erinnerung. In diese Vergegenwärtigung hinein schenkt sich Christus, er gibt sich immer wieder neu in das Leben der Menschen hinein und lässt sie wirklichen Anteil haben an ihm und seiner Hingabe: ein wahres Geheimnis, das nur im Glauben erfasst werden kann.

Durch Christi Hingabe und seine Zusicherung, mit den Menschen zu sein, haben alle Einzelnen und auch die Gemeinschaft Teil an ihm. Sie sind so miteinander und mit ihm verbunden. Die großen *Bitten* um Verbundenheit miteinander, um die Einheit der ganzen Kirche, für das Schicksal aller Menschen und das Hineinnehmen der Verstorbenen, die Gottes Güte anvertraut werden, bringt diese Dimension zum Ausdruck.

Mit dem abschließenden *Lobpreis* und dem großen bestätigenden Amen der Gemeinde findet das Hochgebet seinen Abschluss.

Inhalte

Vom eben Gesagten her sind folgende inhaltliche Aspekte wichtig:

- Das Hochgebet ist das große „Dankgebet" innerhalb der *Eucharistie*, deren Namen selbst nochmals „Danksagung" meint.
- Im lobenden und im bittenden Dank wendet sich die Gemeinde an Gott, dem sie für die ganze Heilsgeschichte und für ihren Höhepunkt im erlösenden Handeln Jesu Christi dankt.
- Dieses Handeln Gottes wird nicht nur in Erinnerung gerufen, sondern ist im eucharistischen Gedenken selbst gegenwärtig.

Vorbereitung

Für den Liturgiekreis ist die Auseinandersetzung mit *allen drei Fragen* wichtig: *Was feiern wir? Was aus unserem Leben bewegt uns? Was aus dem „Leben Gottes" bewegt uns?* Es geht darum, den Dank, der sich aus diesen Fragen ergibt, zu bedenken. Daraus ergeben sich folgende *konkrete Einzelfragen:*

- Wofür kann und sollte die Gemeinde im Gottesdienst danken?
- Wie lassen sich diese Themen in kurz gehaltenen Dankversen formulieren?

Grundform

Der Priester beginnt das Hochgebets mit dem liturgischen Gruß und der Aufforderung, die Herzen beim Herrn zu haben und zu danken, auf die die gläubige Antwort der Gläubigen folgt. Dies ist ein Ausdruck dafür, dass sich Gott der Nöte, Sorgen, Sehnsüchte, aber auch der Hoffnungen und des Dankes der Gemeinde – all dessen, was sie „im Herzen mit trägt" – annimmt und sie ihm all das gläubig anvertrauen und dafür danken darf. Dann singt/betet der Priester die Präfation, welche die Gemeinde mit dem Sanctus abschließt. Nach den Einsetzungsworten antwortet die Gemeinde mit dem bekennenden „Geheimnis des Glaubens". Nach den Bitten für die Gemeinschaft der Menschen in Kirche und Welt endet das Hochgebet im dankenden Lobpreis, den die Gemeinde mit ihrem „Amen" bestätigt.

Weitere Möglichkeiten

Das Hochgebet unterliegt festen Formen und Texten. Eine Gestaltungsmöglichkeit bietet am ehesten die Präfation, die den Dank der Gemeinde und der Kirche, der im ganzen Hochgebet zum Ausdruck kommt, konkretisieren kann.

Hierbei beginnt der Priester nach der Einleitung mit dem ersten Satz der Präfation: „In Wahrheit ist es würdig und recht, Dir, Vater im Himmel, zu danken durch unseren Herrn Jesus Christus." Dann benennt ein Lektor oder eine Lektorin – gegebenenfalls auch beide im Wechsel – in kurzen Sätzen, die auch geblockt zusammengefasst sein können, den konkreten Dank der Gemeinde – z.B. den Dank für Christus, dass er so ist (tut), wie er ist (tut), Dank für Gott, wie er sich in den heutigen Lesungen zu erkennen gegeben hat, Dank für gute und hoffnungsvolle „Lebensumstände" oder Dank für die Erhörung von Bitten. Zwischen den einzelnen oder geblockten Sätzen des Dankes spricht oder singt die Gemeinde kurze Dankverse. Anschließend wiederholt der Priester den ersten Satz der Präfation und betet dann die gesamte Präfation zu Ende.

Im Messbuch sind vier Hochgebete ausgeführt. Daneben gibt es eine Reihe von Hochgebeten, die approbiert sind, zur Auswahl. Das konkrete Hochgebet für eine Eucharistiefeier soll sorgfältig ausgewählt werden. Die Gläubigen sollen nicht nur durch die kürzeste Form „verwöhnt" werden, sondern auch die Vielschichtigkeit der Hochgebete erfahren können. Dasselbe gilt für die Präfationen.

Vater Unser

Im Rahmen der Eucharistiefeier könnte man das Vater Unser auch mit einem großen gemeinsamen „Tischgebet" vergleichen, das zum Kommunionempfang hinführt. Alle Christinnen und Christen sind gemeinsam Kinder Gottes und dürfen Gott als Vater ansprechen und mit Christus in die sieben Bitten einstimmen, die er uns vorgebetet und damit geschenkt hat.

Grundform

Die Gemeinde und der Priester beten nach dessen Einladungsworten gemeinsam das Vater Unser.

Weitere Möglichkeiten

Beim Vater Unser gibt es verschiedene Möglichkeiten, die Besonderheit des von Jesus selbst geschenkten Gebets zu betonen und die Gemeinsamkeit des Betens zu unterstreichen:

- Der Priester kann die Gemeinde einladen, das Gebet in der Orantenhaltung zu beten, die sich mit ausgebreiteten Händen dem Vater im Himmel „öffnet".
- Um zu betonen, dass die Gemeinde das Gebet als Gemeinschaft an den Vater richtet, können sich die Gottesdienstteilnehmer und -teilnehmerinnen an den Händen fassen. Sie können dabei diese Haltung bis zum Friedensgruß beibehalten und dadurch deutlich machen, dass der gegenseitige Friedenswunsch direkt im Vater Unser seinen Ursprung hat.

- Wenn eine überschaubare Gruppe Gottesdienst feiert, kann diese vor dem Vater Unser um den Altar einen Kreis bilden und sich ebenfalls die Hände reichen. Nach der Kommunionspendung gehen dann alle auf ihren Platz zurück.

Friedensgebet und Friedensgruß

Das Geschenk der Einheit und des Friedens kommt von Christus, bedarf aber des Zutuns der Menschen. In der intensiven Gemeinschaft mit Christus, in die die Gemeinde in der Eucharistiefeier hinein genommen ist, sollte nichts Trennendes mehr zwischen den Einzelnen sein.

Christen und Christinnen leben in der Verheißung, dass sie mit Christus auferweckt werden und bei ihm sein dürfen. Diese Verheißung gilt schon für diese Welt, wird aber erst durch die Auferweckung vollendet.

Im Himmel wird es dann keine Knechte und Herren mehr geben. Im Himmel gelten die Unterschiede zwischen Hautfarben, In- und Ausländern, sich wohl und nicht wohl Gesinnten nicht mehr. Die Scheu, einander die Hand zu reichen, wird endgültig verschwunden sein.

Gottesdienste sind idealtypische „Einübungen in den Himmel", sie sind Vorausnahmen. Was Christinnen und Christen das Reich Gottes zusagt und was sie vom Himmel erwarten, das dürfen sie in ihren Gottesdiensten vorwegnehmen. Dies geschieht nicht, damit es „nur" vorweggenommen ist, sondern dass die Menschen entdecken, dass dieses Handeln „nach der Art Gottes" schon in dieser Welt – stückweise – möglich ist.

Der Friedengruß braucht einige Zeit und sollte nicht dadurch seines eigenen Wertes beraubt werden, dass gleichzeitig der Priester schon das Brot bricht oder die Gemeinde dazu schon das Agnus Dei singt.

Der Friedensgruß kann gut in einen Friedensgesang oder ein Friedenslied münden. Dieses Lied kann das Agnus Dei ersetzen, da sich die nun folgende Brotbrechung zu einer symbolischen Geste verkürzt hat.

Brechung des Brotes und Gesang zur Brotbrechung

Nach dem Friedensgruß bricht der Priester das Brot, damit alle daran teilhaben können. Er verweist damit zugleich auf Christus, der am Kreuz „gebrochen wurde". Die Brotbrechung brauchte früher, als noch größere Brote gebrochen wurden, ihre Zeit. Als begleitender Gesang diente und dient das Agnus Dei, der Gesang zur Brotbrechung.

Seit der Einführung kleiner Hostien ist die Brotbrechung nur mehr eine symbolische Geste. Geblieben sind Andeutungen des einen Brotes, der Brechung des Brotes und der begleitende Gesang.

Als ein sehr altes Zeichen der Einheit in Christus senkt der Priester ein Stück des Brotes in den Kelch.

Einladung zur Kommunion und Kommunionspendung

In Wein und Brot, die bei der Bereitung der Gaben als Symbole unseres Lebens auf den Altar gelegt werden, ist Jesus Christus im gemeinsamen Mahl nun gegenwärtig und will sich den Menschen schenken. Ihr Leben, das in der Gegenwart Christi eingebunden ist, wird ihnen nun zurückgegeben.

„Lamm Gottes, das die Sünde der Welt hinwegnimmt“, so hat Johannes der Täufer auf Christus hingewiesen (Joh 1,29). Nun spricht der Priester diese Worte als Einladung, sich auf Christus einzulassen, ihn sich und sich ihm „einzuverleiben“.

Auf den Hinweis auf das „Lamm Gottes“, das die Sünden der Welt hinweg nimmt, folgt als Antwort der Gemeinde das demütige „Herr ich bin nicht würdig ...“, das an die Worte des Hauptmannes von Kafarnaum im Evangelium erinnert (vgl. Mt 8,8). Im gläubigen Vertrauen, dass sich Christus auf ihr Leben einlässt und sie dadurch ganzheitlich gesund macht, empfängt die Gemeinde in der Kommunion Christi Leib und Blut.

Kommunionhelfer und Kommunionhelferinnen beteiligen sich in der Regel daran, den Gläubigen die Zeichen ihres Lebens – Brot und Wein –, in die sich Christus wirklich ganz hineingegeben hat und gegenwärtig ist, zurückzugeben. Hier geschieht Gemeinschaft mit Gott und untereinander – sowohl in Form des konkreten Essens und Trinkens miteinander als in der Vergegenwärtigung des Erlösungshandelns Jesu Christi.

Die Kommunionspendung kann durch einen Kommuniongesang begleitet sein – vorzugsweise mit einem Wechselgesang zwischen Kantor bzw. Kantorin und den Gläubigen, die einen einfachen, auswendig singbaren Refrain wiederholen. Auch ein meditatives, dem Gottesdienstteil angemessenes Instrumentalspiel kann sich gut eignen.

Dankmeditation – Betrachtung – Dankgesang

Nach der Kommunion können sich die Gläubigen auf das Geschehen des gesamten Gottesdienstes besinnen und ihren Dank für die Begegnung mit Christus zum Ausdruck bringen. Es sollen dabei keine neuen Inhalte mehr eingebracht werden.

Inhalt

Vom eben Gesagten her sind folgende inhaltliche Aspekte wichtig:

- Bei der Dankmeditation bzw. dem Dankgesang geht es darum, sich nochmals auf das im Gottesdienst Geschehene zu besinnen.
- Die Gemeinde dankt dabei für die Begegnung mit Christus.

Vorbereitung

Für die Liturgiegruppe ist vor allem die Auseinandersetzung mit der *ersten Frage* und der *dritten Frage* wichtig: *Was feiern wir? Was aus dem „Leben Gottes" bewegt uns?* Es geht darum, im Blick auf den zu Ende gehenden Gottesdienst konkret Dank zu sagen. Daraus ergeben sich folgende *konkrete Einzelfragen:*

- Welcher der Inhalte des Gottesdienstes soll an dessen Ende noch einmal kurz „aufleuchten", ohne nochmals entfaltet zu werden, und für welche Inhalte des Gottesdienstes ist besonders zu danken?
- Welcher Text oder/und welches Danklied kann dies unterstreichen bzw. ausdrücken?

Grundform

Die versammelte Gemeinde hält eine (instrumental untermalte) Stille oder singt ein Danklied.

Weitere Möglichkeiten

Weiterführende Möglichkeiten sollten darauf achten, den Gottesdienst in einzelnen Teilen oder Themen nur „nachklingen" zu lassen, aber diese Elemente nicht mehr ausführlich zu wiederholen:

- Ein Lektor bzw. eine Lektorin trägt eine kurze Betrachtung vor, die das Festgeheimnis oder ein wichtiges Element des Gottesdienstes noch einmal in den Blick nimmt.
- Bei Lesungen, die sich auf eucharistische Inhalte beziehen (z.B. Brotvermehrung) können auch einige zentrale Worte bzw. Sätze aus dieser Lesung noch einmal angesprochen werden. Zwischen den einzelnen Sätzen empfiehlt sich eine kurze Stille.

Schlussgebet

Das Schlussgebet, mit dem die Mahlfeier schließt, verleiht dem Dank der Gläubigen zusammenfassenden Ausdruck. Meist mündet dieses Gebet in die Bitte um „Fruchtbarkeit" der Gnaden dieses Gottesdienstes im Leben und im Alltag der Gemeinde.

Ankündigungen

Die Ankündigungen sind nach dem Schlussgebet und vor dem Segen und der Entlassung vorgesehen. Sie sind Teil der Liturgie selbst und kein „Anhängsel". Sie wollen von der Ebene der liturgischen Dramaturgie in die pfarrliche Alltagswelt überführen, in welche die Gemeinde anschließend entlassen und gesendet wird.

Hier werden die verschiedenen gemeindlichen Versammlungen und Aktivitäten thematisiert und zur großen sonntäglichen Dankfeier in Beziehung gesetzt: Das organisierte und christlich relevante Leben außerhalb der Sonntagseucharistie gehört zum gemeindlichen Leben wie die Feier selbst, in ihnen wirkt vielfach die sonntägliche Feier fort – auch dann, wenn nicht dieselben Gemeindemitglieder an beidem teilnehmen.

Inhalt

Vom eben Gesagten her sind folgende inhaltliche Aspekte wichtig:

- Die Ankündigungen verweisen auf die Vielfalt des Gemeindelebens und laden zu einzelnen Veranstaltungen ein.
- Die Ankündigungen tragen dazu bei, dass die Eucharistiefeier in das „alltägliche" Leben der Gemeinde mündet und dort ihre „Fortsetzung" findet.

Vorbereitung

Für die Liturgiegruppe ist vor allem die Auseinandersetzung mit der *zweiten Frage* wichtig: *Was aus unserem Leben und aus dem Leben der Gemeinde bewegt uns?* Daraus ergeben sich folgende *konkrete Einzelfragen:*

- Liegen alle Informationen über Veranstaltungen der kommenden Woche vor? Bei wem muss u. U. noch nachgefragt werden?
- Was davon ist für die Gemeinde relevant und sollte deshalb im Gottesdienst angekündigt werden?
- Welche Form und welchen Umfang soll die einzelne Ankündigung haben? Wie ist sie zu formulieren?

Grundsätzlich ist wünschenswert, wenn die jeweils Verantwortlichen die Informationen über ihre Veranstaltungen selbst weitergeben. Daher liegt die Information idealerweise vor der Vorbereitung dem Liturgiekreis vor, damit nun die Ankündigungen formuliert bzw. entscheidende Angelegenheiten mit den Informationsträgern abgesprochen werden können.

Grundform

Eine Person aus der Gemeinde tritt hervor und verliest stellvertretend für die einzelnen Gruppen und Veranstalter die verschiedenen gemeindlichen Angebote und Aktivitäten der kommenden Woche.

Weitere Möglichkeiten

Innerhalb der Ankündigungen können einzelne Veranstaltungen besonders hervorgehoben werden:

- Das Anliegen einzelner Veranstaltungen wird ausführlicher dargestellt und besonders – u. U. auch eine besondere Personengruppe – dazu eingeladen.
- Besondere Ankündigungen können akzentuiert werden, indem eine verantwortliche Person diese ansagt und dazu einlädt – beispielsweise kann ein Mitglied des

Pfarrgemeinderats zu einer wichtigen Sitzung in der nächsten Woche einladen, oder eine Mitarbeiterin der Sozialstation weist auf die kommende Car tassammlung hin.

Beispiel

PGR-Mitglied: Bei der kommenden Pfarrgemeinderatssitzung am Donnerstag um 20.00 Uhr im Pfarrhaus geht es in der Hauptsache um eine Klärung und möglicherweise um die Entscheidung über die zukünftige Form der Firmvorbereitung. Die Sitzung ist öffentlich. Alle Interessierten und Betroffenen sind herzlich eingeladen. Die weiteren Besprechungspunkte entnehmen Sie bitte der Einladung im Schaukasten vor der Kirche.

Bildungswerkleiterin: Das Kurzseminar zur Sonntagskultur ist am Dienstag und Donnerstag jeweils um 19.00 Uhr im Rot-Kreuz-Heim. Genauere Informationen sind auf dem Handzettel, den Sie am Ausgang erhalten werden.

Vertreterin des Sozialkreises: Ich habe heute zwei Mitteilungen. Wir haben € 2.500,– aus dem Basar eingenommen und werden dieses Geld für Heizkostenzuschüsse zur Verfügung stellen
Ein altes Ehepaar im Gemeindegebiet ist durch Krankheit in seiner Bewegungsfreiheit schwer behindert. Die Hilfe der Pfarrgemeinde ist gefragt. Wer mithelfen kann, bestimmte Dienste zu übernehmen, wende sich nach dem Gottesdienst an mich. Ich werde beim anschließenden Pfarrkaffee anwesend sein.

Pfarrer: Danke für diese Ankündigungen. Die Gottesdienste sind in der kommenden Woche wie gewohnt. Die Messintentionen entnehmen Sie bitte der Gottesdienstordnung.

Weiterführendes

Das christliche Gemeindeleben besteht nicht allein aus dem Besuch des Gottesdienstes. Es konkretisiert sich im Alltag der Gemeinde, der gemeinschaftlichen Diakonie und der außergottesdienstlichen Verkündigung. Dieses „Pfarrleben" braucht aber auch einen Anknüpfungspunkt in der Liturgie. Die liturgisch-symbolische Ebene muss ansatzweise mit der Ebene der konkreten alltäglichen Gemeindearbeit verbunden werden.

Die Ankündigungen können dabei zu einem „Scharnier" zwischen der gottesdienstlichen Feier und anderen Versammlungen – wie beispielsweise einer Pfarrversammlung – werden. Die Pfarrversammlung ist hier für den ausführlicheren Austausch von Informationen und Anregungen, für das Vorstellen von Initiativen und als Ort von Vereinbarungen gemeint. Ganz ideal sollten Pfarrversammlungen in regelmäßigen Abständen (z.B. monatlich) stattfinden.

Die aktive Mitarbeit am Gemeindeleben im Sinn der Pfarrversammlung ist aber auch vielen Menschen aus guten Gründen nicht möglich. Sie leben ihre Nachfolge an ihren Alltagsorten und verbinden sich über die Liturgie mit der Gemeinde. Dort sollen sie jedoch vom „pfarrlichen Leben" erfahren und so in dieses eingebunden sein.

Segen, Sendungsruf und Auszug

Der größte Segen ist, dass Gott bei den Menschen ist. Die Einleitung zum *Segen* kann kurz berichten, was im Gottesdienst geschehen ist und bittet Gott, dass er bei den Menschen bleibt, wenn sie jetzt auseinandergehen. Es geht um eine „Zusammenfassung“ des Gottesdienstes und um die Bitte, dass das im Alltag bleibt, was im Gottesdienst begonnen wurde. Der Segen durch den Priester, der die Stärkung der Menschen durch den dreifaltigen Gott zuspricht, kann in einfacher oder feierlicher Form gehalten sein.

Der *Sendungsruf* „Geht hin in Frieden“ beauftragt die Gemeinde – genauer: jeden einzelnen Christen und jede einzelne Christin –, das, was sie in der Eucharistiefeier erfahren durfte – für das sie Gott, dem Herrn, Dank sagt – in ihr konkretes Leben und Lebensumfeld hineinzutragen.

Anschließend küsst der Priester – parallel zum Beginn der Eucharistiefeier – den Altar und *zieht* mit den Ministranten und Ministrantinnen – und gegebenenfalls mit weiteren schon beim Einzug beteiligten Personen – *aus*. Die beim Einzug mitgetragenen Christussymbole (Osterkerze, Kreuz, Heilige Schrift ...), die über den gesamten Gottesdienst im Altarraum sichtbar aufgestellt waren, werden auch beim Auszug wieder mitgetragen. Oft wird der Auszug auch von einem feierlichen Instrumentalspiel begleitet.

Der Vielfalt Gottes und des Lebens Raum geben – Andere Gottesdienstformen

Laudes und Vesper als Gemeindegottesdienst

Zu allen Tageszeiten will die Kirche Gott ehren, sein Wort hören und ihm ihre Bitten vortragen. Schon in der ersten Zeit der Kirche versammelten sich die Gläubigen am Morgen und am Abend, um Psalmen zu singen und aus den heiligen Schriften zu lesen. Der Tag- und Nachtwechsel der Natur ist Grundrhythmus für die Tagzeitenliturgie. Die Erfahrung des Morgens, der gut vergangenen Nacht, der Ausblick auf das Tagwerk lässt auf Christus schauen, der wie die aufgehende Sonne aus dem Grab steigt und neu Hoffnung und Mut vermittelt. Die Erfahrung des Abends, der bevorstehenden Nacht nach den Mühen des Tages lässt dankbar werden und mit Christus vereinigen, der auch die Nacht des Lebens durchlebt hat. Im Blick auf ihn und auf den Morgen leuchtet auch durch die Nacht ein Licht. *Von der Tagzeit und der Lebens- und Christussymbolik her muss die erste Frage – Was feiern wir? – geklärt werden.*

Im Lauf der Jahrhunderte entfremdeten sich die Gottesdienste, welche den Tageslauf mit vollziehen und den Tag „gestalten“, immer mehr von den „einfachen“ Gläubigen und den Gemeinden. Nur die Klöster und der Klerus pflegten noch das so genannte Stundengebet, das auch heute noch bei diesen verpflichtend ist. Den einfachen Gläubigen strukturierte das Angelusgebet (mit dem dreimaligen Angelusläuten) den Tag. Das Zweite Vatikanische Konzil empfiehlt in seiner Liturgiekonstitution das Stundengebet, besonders Laudes und Vesper, wieder als Gebet für alle Gläubigen und die Gemeinden (vgl. SC 100; 89).

Die Laudes am Morgen und die Vesper am Abend sind – neben den dazwischen liegenden kleineren Gebetszeiten – Angelpunkte des Stundengebetes. Ihre inhaltlichen Schwerpunkte sind die Morgendämmerung und der hereinbrechende Abend, konkret ausgedrückt im Psalmengebet, in der Schriftlesung und durch die Fürbitten.

Wenn die Kirche, einzelne Gemeinden oder einzelne Menschen heute in der Tagzeitenliturgie Psalmen meditieren, dann stellen sie sich mit den Gläubigen des Alten Bundes, mit Jesus selbst und den Gläubigen der Kirchen und des Judentums in eine gemeinsame „Gebetsgeschichte“. Sie stimmen ein in die Freude und das Lob, die Klage und den Dank der Psalmisten, in denen sich immer schon unzählige Menschen wiedergefunden haben.

Die Lesungen der Tagzeitenliturgie bringen das Wort Gottes nahe, auf das die Gemeinde oder der bzw. die Einzelne bei der Laudes mit dem „Benedictus“ (vgl. Lk 1,68–79) – dem Lobgesang des Zacharias – und bei der Vesper mit dem „Magnificat“ (vgl. Lk 1,46–55) – dem Lobgesang Mariens – antwortet.

Laudes und Vesper in der Gemeinde

Will man die Laudes oder/und die Vesper als Gemeindegottesdienste begehen, sind folgende Anlässe oder Zeiten geeignet:

- Sonn- und Feiertage als Zweitgottesdienst, wenn nur eine Eucharistiefeier ist
- Vorabende zu Sonn- und Festtagen
- Werktage, wenn eine Eucharistiefeier entfällt
- als Gottesdienst für bestimmte Gruppen (Jugend, Senioren ...)
- als Wallfahrtsgottesdienst
- als Totengedenken (besonders wenn die Trauergemeinde keine Beziehung zum Rosenkranzgebet hat)
- alle anderen Gelegenheiten, wenn keine Eucharistiefeier möglich oder sinnvoll ist

Laudes und Vesper können sehr feierlich, aber auch sehr einfach gestaltet werden – je nach Anlass und nach Möglichkeiten. Sie haben aber immer den Charakter eines ordentlichen Gemeindegottesdienstes und werden deshalb auch entsprechend angekündigt, eingeläutet, und der Gottesdienstraum wird entsprechend hergerichtet (brennende Kerzen, Blumenschmuck ...).

Wie bei allen anderen Gottesdiensten soll auch bei Laudes und Vesper auf eine klare Rollenverteilung geachtet werden. Eindeutig muss die Rolle des Leiters bzw. der Leiterin als Hauptbezugsperson für den Gottesdienst sein.

Die Gestaltung von Laudes und Vesper

Eine Laudes oder Vesper in einer gemeindegerechten Form kann folgenden Ablauf haben:

- *Eröffnung*
  L: O Gott, komm mir zu Hilfe.
  A: Herr, eile mir zu helfen.
  L: Ehre sei dem Vater ...
  A: wie im Anfang ...
  oder:
  L: Im Namen des Vaters ...
- *Hymnus*
  Ein entsprechender Hymnus aus dem „Stundenbuch" oder ein Lied aus dem „Gotteslob", z.B. für die *Laudes* GL 268 (Singt dem Herrn ein neues Lied), GL 555 (Morgenstern der finstern Nacht), GL 557 (Du höchstes Licht), GL 644 (Sonne der Gerechtigkeit), GL 671 (Lobet den Herren) bzw. für die *Vesper* GL 265 (Nun lobet Gott im hohen Thron), GL 266 (Nun danket alle Gott), GL 269 (Nun saget Dank und lobt den Herren), GL 295 (Wer nur den lieben Gott lässt walten), GL 300 (Solang es Menschen gibt auf Erden), GL 637 (Lasst uns loben)
- *Psalm*
  mit Kehrvers
- *Frei gestalteter Teil nach dem Psalm*
  Siehe Erläuterungen
- *Lesung*
  Zur Auswahl: siehe Erläuterungen

- *Stille*
  oder:
  Frei gestalteter Teil nach der Lesung: siehe Erläuterungen
- *Benedictus (Laudes) / Magnificat (Vesper)*
  mit Kehrvers
- *Fürbitten und Vater Unser*
- *Gebet und Segensbitte*
  z.B. in der *Laudes:*
  Guter und liebender Gott. Am Anfang dieses Tages sind wir zusammengekommen, um dich und deine Schöpfung zu loben und zu preisen. Lass uns mit dir gemeinsam unseren Weg durch diesen Tag und das ganze Leben gehen. Dazu segne uns, sei uns und allen Menschen nahe und begleite uns durch diesen Tag, im Namen des Vaters und des Sohnes und des heiligen Geistes. Amen.
  und z.B. in der *Vesper:*
  Guter Gott und Vater! Du hast uns zu dieser Gemeinschaft zusammengeführt. Lass uns Gemeinschaft haben mit der ganzen Gemeinde und allen Menschen. Segne und begleite unser Leben und schenke uns eine gute Nacht, im Namen des Vaters und des Sohnes und des heiligen Geistes. Amen.
- *Mariengruß*
  siehe Erläuterungen

Erläuterungen zum vorgeschlagenen Modell

Die hier für den Gemeindegebrauch vorgeschlagene Vorlage ist gegenüber dem „klassischen“ Aufbau von Laudes und Vesper leicht geändert. An Stelle von zwei Psalmen und einem Canticum (Gesang aus dem AT bzw. NT) wird hier nur ein Psalm vorgesehen und dadurch Raum geschaffen für eine freie, situations- und gemeindeorientierte Gestaltung. Nach der Lesung entfällt der „Antwortgesang“ zugunsten einer Zeit der Stille oder zugunsten einer Betrachtung zum gehörten Text aus der Heiligen Schrift.

Grundsätzlich ist die oben vorgeschlagene Vorlage nicht als fix und fertiges Modell zu verstehen, sondern sie will einen Rahmen zur Gestaltung von Laudes und Vesper bieten, der jeweils individuell vorbereitet und gestaltet werden muss.

Grundsätzlich können alle Teile des Stundengebets gesprochen werden. Dies ist die allereinfachste Form. Zum Singen eignen sich:

- der Hymnus
- der Kehrvers zum Psalm und zum Benedictus/ Magnificat (Wenn der Psalm und das Benedictus bzw. Magnificat gesprochen werden, kann der Kehrvers zwischen den Versen gesungen werden)
- der Psalm und das Benedictus bzw. das Magnificat
- das Vater Unser
- der Mariengruß bzw. ein Schlusslied

Meistens wird es Mischformen zwischen einem reinen gesprochenen und einem nur gesungenen Stundengebet geben – je nach den Möglichkeiten der Gottesdienstgemeinschaft. Manche Texte kann gegebenenfalls auch ein Chor vortragen.

Das Psalmengebet

Wenn den Gemeindemitgliedern das Beten von Psalmen noch wenig bekannt ist, ist es hilfreich, vertraute Psalmen auszuwählen. Die Psalmverse – auch das Benedictus bzw. Magnificat – sollen abwechselnd gesprochen oder gesungen werden. Dabei gibt es – je nach Beteiligten – verschiedene Möglichkeiten sich abzuwechseln – z.B. zwischen linker und rechter Seite, zwischen Vorsprechendem und allen, zwischen Schola bzw. Chor und allen.

Bei einer vertiefenden Möglichkeit des gemeinsamen Psalmgebets kann ein Vorsprecher bzw. eine Vorsprecherin jeweils einen ganzen Vers vorlesen und die Gemeinde dann den zweiten Psalmvers wiederholen. Dies gestaltet sich dann beim Psalm 23 beispielsweise so:

V: Der Herr ist mein Hirte, / nichts wird mir fehlen.
A: Nichts wird mir fehlen.
V: Er lässt mich lagern auf grünen Auen / und führt mich zum Ruheplatz am Wasser.
A: Und führt mich zum Ruheplatz am Wasser.
...

Frei gestalteter Teil nach dem Psalm

Der im obigen Vorschlag vorgesehene frei gestaltete Teil nach dem Psalm soll unbedingt genutzt werden, um die Laudes oder Vesper mehr dem Gemeindeleben bzw. dem Anlass anzupassen. Hier können gewohnte Formen eingefügt werden wie z.B. einige Stationen des Kreuzweges oder ein Gesätz des Rosenkranzes. Neue Formen des Betens können hier aber auch ihren Platz haben – wie z.B. eine Meditation (mit Bildern oder zu einem Text). Hier können etwa auch – je nach Anlass – vorgetragene Texte ein bestimmtes Thema entfalten oder eine kurze Ansprache eine bestimmte Situation darlegen.

Es gibt viele Formen des Betens und Darstellens, die hier sinnvoll vorgesehen werden können. Zu beachten ist aber, dass dieser Teil wirklich „gemeindetauglich" ist, d.h., dass er vom Großteil der voraussichtlich Anwesenden verstanden und mit vollzogen werden kann.

Grundsätzlich ist hier im Liturgiekreis besonders die Auseinandersetzung mit der *zweiten Frage* und der *dritten Frage* wichtig: *Was aus unserem Leben und aus dem Leben der Gemeinde bewegt uns? Was aus dem „Leben Gottes" bewegt uns?* Durch die Antwort auf diese Fragen erhält die Tagzeitenliturgie, die sich sonst an den Rhythmus der Texte halten kann, die offiziell vorgegeben sind und damit auch das gemeinsame Beten der Kirche unterstreicht, ein auf die konkrete Gemeinde und ihre Feiersituation zugeschnittenes „Gesicht". Natürlich ist es auch möglich, von diesen beiden Fragen ausgehend auch andere Teile der Laudes oder Vesper situationsgemäß zu gestalten und entsprechende Texte zu verwenden.

Lesung
Grundsätzlich können alle Texte des Alten und des Neuen Testamentes vorgetragen werden, auch Abschnitte der Evangelien. Empfehlenswert ist, das Evangelium oder eine Lesung des betreffenden Tages, die Lesung aus dem Stundenbuch oder vom vergangenen bzw. kommenden Sonntag zu nehmen (Wiederholungen schaden hier in der Regel nicht).

Frei gestalteteter Teil nach der Lesung
Der Teil nach der Lesung sollte sich ausschließlich auf diese beziehen. Eine kurze Stille nach dem Vortrag des Lesungstextes ist unbedingt einzuhalten. Diese Stille kann durch ein Instrumentalstück gestaltet sein. Nach dieser Stille kann eine kurze Betrachtung oder Meditation zur Lesung folgen. (In der „klassischen" Vesper ist hier eine Predigt vorgesehen.)

Fürbitten und Vater Unser
Die Fürbitten sollen kurz und prägnant Anliegen der Gemeinde, der Anwesenden und auch der Kirche und der Welt vorbringen.

Das Vater Unser bildet den Abschluss der Fürbitten. Es wird mit der – gleich angehängten – Schlussdoxologie „Denn Dein ist das Reich ..." gebetet.

Gebet und Segen
Gebet und Segen bilden den eigentlichen Abschluss des Stundengebets. Die Gemeinde sollte nie auseinander gehen, ohne um den Segen gebeten zu haben.

Mariengruß
Nach der Vesper (nicht nach der Laudes) folgt gewöhnlich ein Mariengruß. Dazu eignen sich der „Engel des Herrn", ein Marienlied oder eine andere Form. Am Ende der Laudes kann ein der Zeit oder dem Anlass entsprechendes Lied gesungen werden.

Andachten

Wie bei der Feier der Tagzeitenliturgie bleibt das Gedächtnis des Lebens, des Todes und der Auferstehung Jesu, das die Gemeinde in der sonntäglichen Eucharistiefeier feiert, auch bei der Feier von Andachten an Wochentagen in der Gemeinde lebendig. Anders als bei den Eucharistiefeiern umfassen diese liturgisch aber nicht das ganze „Leben Gottes" und das ganze Leben der Menschen (s. o.), sondern greifen einzelne Aspekte des Heilsgeheimnisses auf, das sie in Verbindung zu Aspekten des menschlichen Lebens setzen.

Andachten können primär einen Aspekt im Leben Jesu thematisieren in seiner Bedeutung für die aktuelle Situation – z. B. Kreuzweg – oder führen das Wirken Gottes an einer Person oder an der Welt vor Augen – z. B. Maiandachten, die Maria in den Mittelpunkt stellen, wie Gott an ihr (und damit auch an den Menschen) handelt. Andere Andachten zeigen zuerst aktuelle Situationen auf und wenden sich Gottes Heilshandeln an der Welt zu – wie z. B. Bittandachten bei Krankheit oder Krieg, Jubiläen, Mahnwachen – oder sie wollen Christen und Christinnen mit einer Feier begleiten und dort Gottes Nähe aufzeigen – z. B. Andachten mit Firmlingen.

Andachten können in vielfältiger Weise gefeiert werden. Die Spanne reicht vom vertrauten gemeinsamen Rosenkranzgebet über Kreuzwegandachten bis hin zur Andacht anlässlich eines lokalen Jubiläums.

Bei der Gestaltung und bei der konkreten Feier von Andachten sind folgende Hinweise wichtig und zu beachten:

- Jede Andacht braucht Leitung, die den Ablauf im Auge hat und die Abfolge koordiniert. Der Ort der Leitung hängt sicher von der konkreten Feierform und von den räumlichen Gegebenheiten ab, er sollte nicht der Altar sein, welcher der Eucharistiefeier vorbehalten bleibt.
- Erläuterungen und andere Texte in der Andacht sollen nicht belehrend oder moralisierend wirken. Sie sollen vielmehr zur Besinnung und zum Nachdenken einladen sowie Begegnung ermöglichen. Gebete und Betrachtungen dienen dazu, den Anwesenden in einfachen Worten Inhalte näher zu bringen.
- Medien können in der Andacht eingesetzt werden – z. B. um durch ein eingespieltes Musikstück den meditativen Charakter zu unterstreichen oder um ein Bild für eine entsprechende Betrachtung zu projizieren. Die Medien sollen aber nur unterstützen und möglichst unaufdringlich eingesetzt werden. Sie dürfen nicht dazu führen, dass die Andacht zur „Show“ wird.
- Symbole, Rollenspiele, Stille, Tanz oder Bilder können – ebenfalls bewusst und pointiert eingesetzt – die Inhalte der Andacht unterstreichen, da durch sie mehrere Sinne angeregt werden.
- Die Musik hat in der Andacht begleitenden, meditativen und vertiefenden Charakter. In der Regel beginnt eine Andacht mit einem Eröffnungsgesang und endet oft mit einem Mariengruß. Die einzelnen Teile der Andacht können durch Gesang – z. B. auch durch die Strophen eines passenden durchgehenden Liedes – miteinander verbunden werden.
- Vor Beginn der Andacht soll den Mitfeiernden ganz kurz der Ablauf bzw. ungewohnte Formen des Betrachtens oder Betens vorgestellt werden. Die unausgesprochene Frage Einzelner: „Was wird denn jetzt im Gottesdienst passieren?“, stört die Mitfeier und sollte sich niemand stellen müssen.

Vorbereitung

Bei der Vorbereitung von Andachten ist zunächst allgemein die *erste Frage* wichtig: *Was feiern wir?* Konkreter wird die Vorbereitung dann in der Auseinandersetzung mit der *zweiten Frage* und der *dritten Frage: Was aus unserem Leben und aus dem Leben der Gemeinde bewegt uns? Was aus dem „Leben Gottes“ bewegt uns?* Hier geht es darum, Entsprechungen zwischen dem „Leben

Gottes" und dem Leben der Menschen zu entdecken und aufzuzeigen. Daraus ergeben sich folgende *konkrete Einzelfragen:*

- Was soll in der konkreten Gruppe in Anwesenheit Gottes gefeiert, bedacht, meditiert ... werden?
- Welches „Thema" aus dem „Leben Gottes" (z.B. Passionsandacht) oder aus dem Leben der Menschen (z.B. Andacht am Seniorennachmittag) ist zu feiern?
- Was sagt das konkret gefeierte „Leben Gottes" für das Leben der Menschen aus bzw. wo findet das konkret gefeierte Leben der Menschen seine "Spiegelung" im „Leben Gottes"?
- Welche einzelnen Themen sind für einzelne Abschnitte der Andacht vorgegeben oder wichtig?
- Wie ergibt sich ein sinnvoller Ablauf der Andacht und wie und wie sind einzelne Abschnitte der Andacht sinnvoll aufzubauen?

Grundform

Eine Andacht kann sich an folgendem Modell orientieren:

- *Eröffnung:*
  Kreuzzeichen / Herbeirufung / Gebet / Gesang
- *Betrachtungsteile:* „gleichgebaute" Teile, die bestimmte Aspekte des „Lebens Gottes" bzw. des „Lebens der Menschen" ins Zentrum stellen. Den Menschen soll die Möglichkeit geboten werden, sich mit diesen Aspekten (Leben Gottes – Leben von uns) auseinander zu setzen und Begegnung zu erfahren. Diese Betrachtungsteile dienen der Verinnerlichung und können beliebig wiederholt werden.
- *Fürbitten* (vom Thema abhängig) und – diese abschließend – das Vater Unser
- *Segensbitte* (und Segen) / Lied

Beispiele

Zwei traditionelle, volkstümliche Beispiele für Andachten sind der Kreuzweg oder der Rosenkranz. (Hier zeigt sich, dass sich das Grundmodell an diesen Formen orientiert.)

Kreuzweg

- Eröffnung
- Vierzehn Stationen mit gleicher Struktur
  - Gleichbleibendes Wechselgebet
  - Besinnung auf die Heilige Schrift
  - Darstellung des Bezug zum (aktuellen) Leben
- (Für-)Bitten
- Segensbitte und Segen

Rosenkranzgebet

- Eröffnung
- Fünf Geheimnisse mit gleicher Struktur:

  - Vater Unser
  - Zehn „Gegrüßet seist du, Maria"
  - „Ehre sei dem Vater"
- (Fürbitten entfallen)
- Segensbitte und Segen

Die Wiederholung des Besinnungsteils vierzehn Mal – wie beim Kreuzweg – bzw. fünf Mal – wie beim Rosenkranz – bietet sich auch für andere Andachten an. Der strikt gleich bleibende Aufbau der Besinnungsteile erleichtert durch seine Übersichtlichkeit das Mitfeiern.

Das folgende Beispiel, welches das Grundgerüst einer Muttertagsandacht entwirft, begnügt sich dagegen mit drei (ausführlicheren) Besinnungsteilen. Es zeigt zugleich, wie in der Andacht auch konkrete Situationen und Erfahrungen aus dem Leben in den Blick genommen und in Bezug zum „Leben Gottes" gestellt werden können:

Muttertagsandacht
- Eröffnung:
  - Lied
  - Kreuzzeichen
  - Begrüßung und kurze Erläuterung des Ablaufs
  - Zur Einstimmung auf die einzelnen Themen der Feier können nun beispielsweise einzelne Symbole zusammengetragen und um die Osterkerze herum aufgestellt werden. Je ein Symbol wird anschließend bei einem der Betrachtungsteile verwendet.
- Die Betrachtungsteile können sich beispielsweise immer aus vier Elementen zusammensetzen: Aufgreifen eines der (anfangs vorgestellten) Symbole, indem eine Mutter von je einem ausgehend aus ihrem Alltag erzählt – passende kurze Lesung aus der Heiligen Schrift – Zusammenfassende Bitten – Lied

  Die hier vorgesehenen drei Betrachtungsteile könnten dann konkret so aussehen:

  1. Thema: Unsicherheit der Entwicklung der Kinder
  - Eine Mutter erzählt von ihren Gedanken, Sorgen und Hoffnungen bezüglich ihres pubertierenden Kindes (Symbol: Jugendzeitschrift)
  - Lesung: Der zwölfjährige Jesus im Tempel (Lk 2,41–52)
  - (Für-)Bitten (um den richtigen Weg für die Kinder; um den Mut, loslassen zu können ...)
  - Lied

  2. Thema: (Arbeits-)Belastung der Mütter
  - Eine Mutter erzählt lebensnah von ihrer Doppelbelastung zu Hause und im Beruf (Symbol: Korb mit Wäsche)
  - Lesung: „Ich nenne euch nicht mehr Knechte ... Vielmehr habe ich euch Freunde genannt" (Joh 15,15)
  - (Für-)Bitten (für die Mütter ...)
  - Lied

3. Thema: Freude am Kind
– Muttertagsgedicht, das von Kindern vorgetragen wird (Symbol: Blumenstrauß)
– Lesung: Magnificat (Lk 1,46–55)
– Dank (für die Mütter und für die Kinder ...)
– Lied

- (Bitten sind schon den Besinnungsteilen angehängt)
- Segensgebet und Segen
  Danklied

Prozessionen

Gott wirkt in der Welt. Er hat Interesse an den Menschen, ihrem Leben und ihren Lebensumständen, an ihrer Mit- und Umwelt. Christliche Gemeinde entsteht dort und bleibt dort bestehen, wo diesem Wirken Gottes Raum gegeben wird: im Hören der Gläubigen auf Gott (*Verkündigung*) und in ihrer Zuwendung zueinander und zu den Notleidenden, Bedrängten und an den Rand Gedrängten (*Diakonie*).

Jede liturgische Handlung ist eine symbolische Darstellung des realen Lebens und des realen Wirkens Gottes in das Leben der Menschen hinein. Gottesdienste sind Versammlungen von Menschen, die in Gemeinschaft mit und an Christus glauben wollen, sie sind Versammlungen, in denen das menschliche Leben – das der Kirche und das der Welt – und das Heilshandeln Gottes dargestellt und vergegenwärtigt werden. Gefeiert wird, dass Gott Großes an den Menschen und an der Welt getan hat und immer wieder tut. Weil wir das erfahren haben und Gott kennen, können wir ihm danken, ihn loben und bitten (*Liturgie*).

Prozessionen machen den Zusammenhang von „Leben Gottes" und Leben der Menschen besonders deutlich. Sie sind symbolische Handlungen, in denen das Wirken Gottes in das Leben und die Welt hinein sehr konkret und augenscheinlich werden kann. Dies zeigt sich unter verschiedenen Perspektiven:

- *In Prozessionen ist die Kirche mit den Menschen auf dem Weg.* Prozession kommt vom lateinischen Wort „procedere", das bedeutet „voranschreiten". Hier zeigt sich, dass die Kirche und konkret jede einzelne christliche Gemeinde gemeinsam mit allen Menschen – und allem, was ihr Leben ausmacht – auf dem Weg ist. Die Ausrichtung nach vorne und der Weg, der in Christus mündet, machen dabei deutlich, dass in diese Situation der Menschen hinein, die Frohe Botschaft vom Heilshandeln Gottes zu thematisieren ist. Wenn Prozessionen in die Welt hinaus gehen und zugleich Gott dort „hinbringen", machen sie Kirche als pilgerndes Gottesvolk, das unterwegs zur Vollkommenheit ist, besonders deutlich. Sie greifen damit auf, was das Zweite Vatikanische Konzil von der Kirche, als „Gemeinschaft aus Menschen" sagt, „die, in Christus geeint, vom Heiligen Geist auf ihrer Pilgerschaft zum Reich des Vaters geleitet werden und eine Heilsbotschaft empfangen haben, die allen auszurichten ist" (GS 1).
  Um einem „Abschotten" der Gemeinde von der „Welt" und innerer Unbeweglichkeit vorzubeugen, laden Prozessionen ein, sich an manchen Tagen bewusst auf

den Weg zu machen. Worte, Zeichen, Symbole und Riten, die von den Gemeindemitgliedern und mitgehenden Menschen als liebende Nähe und Zuwendung Gottes erfahren und verstanden werden können, begleiten den Weg sinnvoll.

- *In Prozessionen ist Kirche gemeinsam unterwegs.* Das Miteinander-Gehen der Prozession hat immer einen gemeinschaftlichen Charakter bzw. Gemeindecharakter. Die Geschwindigkeit des gemeinsamen Gehens soll weder zu schnell noch zu langsam sein – alle sollen gut mitgehen können. Übertragen bedeutet dies auch, dass sich viele Gruppierungen der Gemeinde situations- und liturgiegerecht einbringen können. Wer in der Gemeinde Verantwortung trägt, soll auch in der Prozession für diesen Bereich (mit-)verantwortlich sein.

Von der Art, wie das „Leben Gottes“ und das Leben der Menschen zueinander in Beziehung gesetzt werden, lassen sich verschiedene „Typen“ von Prozessionen unterscheiden:

- *Christus in die Lebenswelt hinausführen (eucharistische Prozessionen):* In der Zusage „Ich bin bei Euch alle Tage bis zum Ende der Welt“ (Mt 28,20), zeigt sich Jesus als Christus, der mitgeht, der sich für das Leben der Menschen interessiert. Er geht sogar so weit, dass er sich mit den Notleidenden, den Armen, den Hungernden, den Gefangenen, Obdachlosen ... identifiziert und gleichstellt.
  Diese Zuwendung Christi zu den Menschen, zeigt sich besonders deutlich, wenn die Gemeinde vom Mahl mit Christus aufsteht, ihn „in Form“ seines eucharistischen Leibes mitnimmt und „mit ihm“ zu den konkreten Orten ihres Lebens geht. Diese „Orte des Lebens“ sind einerseits konkrete Stellen im Stadtteil bzw. Dorf oder auch auf den Fluren. Andererseits sind die „Orte unseres Lebens“ auch im übertragenen Sinn darstellbar und thematisierbar – z.B. wenn vor einer Schule die Ausbildung der Kinder und Jugendlichen allgemein Thema ist oder wenn neben einer Fabrik die Arbeitssituation der Menschen in der Gemeinde allgemein zur Sprache kommt.
- *Lebensumfeld, Lebenssituationen und Lebensanlässe einholen (nichteucharistische Prozessionen):* So wie die Gemeinde in eucharistischen Prozessionen Christus symbolhaft ihre Lebenswelt „zeigt“ und um seine bleibende Gegenwart dort bittet, so kann sie auch umgekehrt ihr Leben „einholen“, um dies gemeinsam mit Gott im Gottesdienst der Prozession zu betrachten und in Dank, Lobpreis und Bitte zu feiern. Von der „Welt“ und ihren konkreten Orten und Anlässen ausgehend kommen dann – z.B. bei Bittgängen, bei einer Wallfahrt oder an Erntedank – unterschiedliche Aspekte des Heilshandelns Gottes an den Menschen in den Blick. Zusammenfassend folgt hier oft nach dem Besuch der Orte des Lebens die Einladung zum Mahl mit dem Herrn.
- *Ein Stück Weges von Christus nachgehen und in Bezug zum Leben stellen (v.a. Palmprozessionen, Kreuzweg):* Wenn biblisch überlieferte Wege Jesu Anlass für Prozessionen sind, wie dies beim Kreuzweg und bei der Palmprozession der Fall ist, begibt sich die Gemeinde gleichsam in die biblische Situation mit hinein. Dies kann unter zwei Perspektiven geschehen. Zum einen verlangt ein solches „Rollenspiel“, die eigene Rolle und den eigenen Standpunkt zu reflektieren. Hier könnte

sich beim Kreuzweg etwa die Frage stellen, wen wir selbst – als Einzelne oder gemeinsam – immer wieder „ans Kreuz schlagen". Zum anderen kann ein Grund zum gemeinsam Gehen darin liegen, Jesus zu begleiten. Wirklich greifbar und zentral für das Leben der Gemeinde wird dieses Mitgehen dann, wenn das Golgota Jesu zum „Golgota" der Gemeinde wird und daraus Handlungsperspektiven erwachsen.

Es ist darauf zu achten, dass eine Prozession insgesamt *einen Gottesdienst* bildet und nicht in eine Abfolge von verschiedenen abgeschlossenen Gottesdiensten zerfällt. Deshalb kommen der Eröffnung und dem Abschluss einer Prozession große Bedeutung zu.

Bei der *Eröffnung* ist es günstig und sinnvoll, eine Eröffnungsstation zu gestalten, bei der die Teilnehmer und Teilnehmerinnen einer Prozession in die Gemeinschaft mit Christus hineingenommen werden. Beginnt der Gesamtgottesdienst mit einer Messe – wie es für eucharistische Prozessionen sinnvoll ist –, ist der Abschluss der Eucharistiefeier so zu gestalten, dass er „offen" bleibt und man sich ausgehend vom eucharistischen Mahl auf den Weg macht. Bei nichteucharistischen Prozessionen gilt die Eröffnung als Einführung für den Gesamtgottesdienst mit allen seinen Teilen.

Der *Abschluss* der Prozession mit Segensgebet und Segen fasst alle einzelnen Prozessionsteile zusammen und beschließt sie gemeinsam.

Die *Stationen* der Prozession sind am einfachsten zu gestalten, wenn sie alle die gleiche Grundstruktur aufweisen. (z. B. Darstellung des Lebens der Menschen, Schriftlesung, Bitten, Lied). Wichtig ist das Mitführen eines *Symbols für die Gegenwart Christi* auf dem Weg. Dieses Symbol, für das sich vor allem ein Kreuz oder die Heilige Schrift (in der Osterzeit auch die Osterkerze) eignen, sollte auch beim – gegebenenfalls anschließenden – Gottesdienst deutlich sichtbar bleiben.

Vorbereitung

Für die Vorbereitung von Prozessionen ist – wie bei Andachten – im Liturgiekreis zuerst auf die *erste Frage* einzugehen: *Was feiern wir?*

Die Auseinandersetzung mit der *zweiten Frage* und der *dritten Frage* ist für die konkrete Durchführung wichtig: *Was aus unserem Leben und aus dem Leben der Gemeinde bewegt uns? Was aus dem „Leben Gottes" bewegt uns?* Je nach Art der Prozession (s. o.) von einer der beiden Seiten ausgehend, geht es darum, Beziehungen zwischen dem „Leben Gottes" und dem Leben der Menschen zu entdecken und aufzuzeigen. Daraus ergeben sich folgende *konkrete Einzelfragen:*

- Was aus dem „Leben Gottes" nimmt der Anlass (z. B. Palmprozession) in den Blick bzw. von welcher konkreten menschlichen Situation vor Ort geht die Prozession aus (z. B. Bittgang)?
- Welche einzelnen Themen sind in diesem Zusammenhang aufzugreifen und in den verschiedenen Stationen der Prozession Ausdruck zu geben?

- Wie lassen sich die Themen, die sich aus dem „Leben Gottes“ bzw. aus dem Leben der Menschen ergeben, mit der jeweils anderen Seite in Beziehung setzen? Welche Texte der Heiligen Schrift bieten sich an, in Verbindung mit den konkreten Themen aus dem Leben der Menschen gebracht zu werden?
- Nach welchem gleich bleibenden Muster können die einzelnen Stationen sinnvoll aufgebaut werden?
- Wie sind Eröffnung und Schluss der Prozession zu gestalten – insbesondere um die Prozession als *einen* Gottesdienst erfahrbar zu machen?

Sinnvoll kann es sein, die Themen gemeinsam in der Liturgiegruppe auszuwählen und grob zu besprechen und dann in kleineren Gruppen die einzelnen Stationen vorzubereiten. Eröffnung und Abschluss sollten dann wieder gemeinsam geplant werden.

Beispiel

Die Vorbereitung eines werktäglichen Stationsgottesdienstes zur bedrängenden Problematik der „Neuen Armut“ – die grundsätzliche Frage nach der Form dieser Feier ist schon geklärt – könnte damit beginnen, dass die Liturgiegruppe sich mit sozial engagierten Menschen und vielen vor Ort Betroffenen trifft. Bei diesen Gesprächen können dann konkrete Themen gesammelt und vertieft werden. Zugleich kann hier auch schon gefragt werden, ob einer oder eine der Betroffenen bereit ist, in einer Station der Prozession seine bzw. ihre Situation kurz zu schildern.

An Hand der sich nun herauskristallisierenden thematischen Schwerpunkte kann nun der Liturgiekreis die Orte überlegen, die für die Stationen und ihre Themen geeignet sind. Dieser arbeitet nun auch die einleitenden Gespräche weiter auf und bringt die Themen in eine liturgiegerechte Form. Als mitzutragende Symbole, die die deutliche Anwesenheit Gottes zum Ausdruck bringen sollen, wählt er das Kreuz und die Heilige Schrift. Die gleich bleibende Grundstruktur für die Stationen kann etwa so aussehen:

- Aufzeigen bzw. Darstellen der Situation: Dies sollte möglichst konkret und ortsbezogen geschehen.
- Vergewisserung der Anwesenheit Gottes bzw. Christi: Diese erfolgt mit einem Kyrieruf und im jeweiligen Nach-vorn-Tragen des Kreuzes.
- Hineinsprechen des Wirkens Gottes bzw. Christi in die Situation: Dies geschieht durch das Lesen eines Abschnitts oder kurzen Textes aus der Heiligen Schrift.
- Bitten oder Dank: Sie thematisieren zur einzelnen Station gehörende Freuden, Hoffnungen, Trauer und Ängste und thematisieren Gottes helfende Gegenwart.
- Lied

Für die Prozession ergibt sich nun folgender Ablauf:

Eröffnung: Kreuzzeichen und kurze Einführung in den Gottesdienst

1. *Station: Berufliche Zukunftsaussichten der Kinder und Jugendlichen vor Ort*
   Mögliche Orte: eine Schule oder ein Kindergarten, ein Treffpunkt von Jugendlichen, ein Betrieb, der Lehrlinge ausbildet

- Aufzeigen bzw. Darstellen der Situation: Jugendlicher berichtet von seiner vergeblichen Lehrstellensuche *oder*: Aufzeigen der lokalen Fakten zu Anzahl und Alter der Kinder und Jugendlichen am Ort; Ausbildung, Arbeitsmarktsituation bei Jugendlichen ...
- Herbeirufung Christi: Gut sichtbares Aufstellen von Kreuz / Heiliger Schrift und Kyrieruf
- Biblischer Text: Lk 2,41–52 (Der zwölfjährige Jesus im Tempel), Joh 7,37–40 („Wer Durst hat, komme zu mir ...“), Mt, 11,28–30 („Kommt alle zu mir, die ihr euch plagt ...“
- Bitten oder Dank
- Lied

2. Station: Arm und Alt

Mögliche Orte: Altersheim, Sozialstation oder Ort, an dem Seniorentreffen stattfinden

- Aufzeigen bzw. Darstellen der Situation: Darlegung der Altersstruktur der Gemeinde oder eine geeignete Textstelle aus der Dorfchronik, welche die Aufbauarbeit und das Engagement vor Ort durch die mittlerweile ältere Generation thematisiert
- Herbeirufung Christi
- Biblischer Text: beispielsweise Mk 7,9–13 („Ehre deinen Vater und deine Mutter ...“), Lev 19,32 (Ehrfurcht vor dem Alter)
- Bitten oder Dank
- Lied

3. Station: Belastung der Frauen

Mögliche Orte: Frauenspezifische Orte und Treffpunkte (u. U. etwa Dorfbrunnen oder Lebensmittelgeschäft)

- Aufzeigen bzw. Darstellen der Situation: Hinweis auf Frauen als tragende Säulen der Gemeinde (Alleinerziehende, Berufstätige ...), eine Frau berichtet von ihrem Tagesablauf
- Herbeirufung Christi
- Biblischer Text: beispielsweise Mt 26,6–13 (Salbung in Betanien), Joh 4,1–26 (Gespräch am Jakobsbrunnen)
- Bitten oder Dank
- Lied

Eventuell kann zum dreigliedrigen Schema eine vierte Station hinzukommen:

4. Station: Arbeitslos

Mögliche Orte: aufgelassener Betrieb, Gasthaus als Ort der Begegnung, den Arbeitslose nicht mehr besuchen

- Aufzeigen bzw. Darstellen der Situation: Vorstellen der aktuellen Arbeitslosendaten des Ortes oder Stadtteils oder Vorlesen einer anonymisierten Situationsdarlegung eines bzw. einer Arbeitslosen aus der Gemeinde
- Herbeirufung Christi
- Biblischer Text: beispielsweise Mt 20,1–16 (Die Arbeiter im Weinberg)
- Bitten oder Dank
- Lied

Abschluss: Gemeinsames Vater Unser, Segensgebet und Segen

Wortgottesdienst mit Kommunionfeier am Sonntag

Die ursprüngliche und eigentliche Form der sonntäglichen Gemeindeversammlung ist die Eucharistiefeier. In ihr kommt die Gemeinschaft der Gläubigen untereinander und mit Christus im Sakrament zum Ausdruck.

Durch den Priestermangel, dessen Ursachen und Lösungen mehr dogmatische und kirchenpolitische als gemeindliche Fragestellungen aufwerfen, ist für immer mehr Gemeinden die Eucharistiefeier am Sonntag nicht mehr möglich. So muss eine andere Form der sonntäglichen gottesdienstlichen Gemeindeversammlung praktiziert werden. Diese Aufgaben haben die Gemeinden zu bewältigen. Sie tun dies in der Form des „Wortgottesdienstes am Sonntag".

Er hat eine besondere Gestalt, die dem Sinn des Sonntags entspricht, und soll in dieser Form nur an diesem Tag gefeiert werden. Wie die sonntägliche Eucharistiefeier ist auch der Wortgottesdienst wesentlich eine Feier der Gemeinde und in der Gemeinde. Jene Menschen, die ihren Glauben miteinander teilen und – zumindest stückweise oder ideell – gemeinsam ihr christliches Leben im Alltag gestalten, können sich beim sonntäglichen Gedächtnis ihrer „Glaubenswurzeln" nicht voneinander trennen. Dies bedeutet, dass die Gläubigen, die im Alltag in Beziehung zueinander stehen, dieses gemeinsame Fundament am Sonntag gemeinsam voreinander und vor Gott darstellen, bedenken, feiern und sich neu ausrichten.

Im „Wortgottesdienst am Sonntag" ist Christus in der Versammlung zuerst gegenwärtig in seinem Wort, in der versammelten Gemeinde und in den Notleidenden und Bedrängten. Durch die bleibende Gegenwart Christi in der Eucharistie hat die versammelte Gemeinde Verbindung zur vorhergegangenen Feier der Eucharistie. Sie verbindet sich in der Kommunionfeier mit dieser.

Die Gemeinschaft mit der ganzen Kirche, die diesen Tag feiert, gewährleisten das Wort Gottes (ordentliche Sonntagslesungen), das Gebet für die Kirche und auch der Empfang der Kommunion.

Folgende Grundanliegen und Prinzipien sind bei der Gestaltung des Wortgottesdienstes mit Kommunionfeier am Sonntag hilfreich:

- Einige Gläubige der Gemeinde helfen der Gemeinde, den Sonntagsgottesdienst zu feiern. Dies tun nicht Einzelpersonen, sondern dies geschieht immer in Vorbereitungs- und Leitungsgruppen, weil dadurch das gemeinsame Anliegen deutlicher wird und sich nicht Einzelne zu sehr vor der Gemeinde profilieren. Auch die Leitung des Gottesdienstes geschieht durch eine Leitungsgruppe, wobei ein Mitglied dieser Gruppe die Gesamtleitung übernimmt. Diese Gruppe ist für die gesamte Vorbereitung und Feier des Gottesdienstes verantwortlich.
- Die verschiedenen Rollen im Gottesdienst sollen von verschiedenen Personen übernommen werden. Die Rollen sollen immer von Frauen *und* Männern übernommen werden. So soll spürbar werden, dass sich die verschiedenen Gemeindemitglieder gegenseitig helfen, diesen Sonntagsgottesdienst zu gestalten. Die ver-

schiedenen Rollen übernehmen dabei klar voneinander unterschiedene Aufgaben. Der *Leiter bzw. die Leiterin der Leitungsgruppe* übernimmt im Gottesdienst die dem Leiter bzw. der Leiterin zukommenden Teile. Die *Lektoren und Lektorinnen* tragen die Lesungen, aber nicht das Evangelium vor. Der *Kantor bzw. die Kantorin oder die Schola* leitet die Gesänge. Die *Kommunionhelfer und Kommunionhelferinnen* teilen mit dem Leiter bzw. der Leiterin die Kommunion aus. Der *„Bittsprecher" bzw. die „Bittsprecherinnen"* tragen die Fürbitten der Gläubigen vor. Die *„Danksprecher" bzw. „Danksprecherinnen"* tragen den Dank der Gemeinde vor.

- Alle, die nach vorn treten, um im Gottesdienst einen Dienst zu tun, treten aus der Gemeinde heraus. So wird sichtbar, dass sie *für* die Gemeinde einen Dienst übernehmen.
- Der Vorstand des Gottesdienstes soll nicht den Platz des fehlenden Priesters einnehmen (andere Aufstellung der Leitungssitze), und niemand soll dem Priester vorbehaltene Gesten und Formeln verwenden. So soll deutlich werden, dass der Wortgottesdienst keine Eucharistiefeier ist. Dies können auch noch andere Elemente unterstreichen (z.B. Anzünden der Kerzen am Volksaltar erst zur Übertragung der Eucharistie; keine Lieder aus den „Messreihen" des Gesangbuches).
- Gegenüber dem Ort der Gemeinde gibt es drei weitere liturgische Orte: den *Ort der Leitung* (für die gesamten Eröffnung und den gesamten Schlussteil des Gottesdienstes; für die Einleitungen zum Glaubensbekenntnis, zu den Fürbitten, zur Anbetung; für die Betrachtung oder Predigt nach dem Evangelium); den *Ambo als „Tisch des Wortes Gottes"* (für den Vortrag des Wortes Gottes = ganzer Wortgottesdienst, ausgenommen Glaubensbekenntnis und – wenn technisch möglich – für die Fürbitten); den *Altar als „Tisch des Brotes"* (für den gesamten Kommunionteil, beginnend mit der „Danksagung".

Vorbereitung

Die Vorbereitung der einzelnen Gottesdienstteile orientiert sich an den Inhalten, die sich aus der Beantwortung der drei Fragen ergeben. Für die einzelnen Teile (die großteils der Eucharistiefeier entsprechen) sind dabei die Hinweis zu berücksichtigen, die weiter vorn bei der Eucharistiefeier angeführt sind.

Ablauf

In der Form, die sich in der Diözese Innsbruck seit Jahren bewährt hat:

Eröffnung

Einleitung:	Kurze Ankündigung des Wortgottesdienstes durch ein Mitglied des Pfarrgemeinderats, Entzünden der Osterkerze bzw. in der Fastenzeit einer Kerze vor dem aufgestellten Kreuz als Zeichen der Gegenwart Christi
„Einzug":	Einzug der Ministranten und Ministrantinnen aus der Sakristei während des Eröffnungsliedes; Vortreten der Leitungsgruppe aus der Gemeinde und gut sichtbares Aufstellen der Heiligen Schrift

Kreuzzeichen, Begrüßung und Einführung:	Eröffnung mit dem Kreuzzeichen, Begrüßung und kurze Einführung in den Gottesdienst durch den Leiter bzw. die Leiterin
Bußakt:	Vortrag der entsprechenden Texte durch ein Mitglied der Leitungsgruppe
Kyrieruf:	Vortrag der entsprechenden Texte durch ein Mitglied der Leitungsgruppe Singen des Rufes durch den Kantor bzw. die Kantorin und die Gemeinde
Loblied oder Gloria:	Lied der Gemeinde oder Wechselgesang
Gebet:	Vorgebetet durch den Leiter bzw. die Leiterin

Zur Vorbereitung der Eröffnung durch den Liturgiekreis sind die Hinweise zu den entsprechenden Teilen der Eucharistiefeier zu beachten.

Wortgottesdienst

Erste Lesung:	Vortrag durch einen Lektor bzw. eine Lektorin
Antwortpsalm/ Antwortgesang:	Vortrag durch einen Kantor bzw. eine Kantorin oder durch einen Lektor bzw. eine Lektorin und Kehrvers der Gemeinde
Zweite Lesung:	Vortrag durch einen Lektor bzw. eine Lektorin
Ruf vor dem Evangelium:	Vortrag durch einen Kantor bzw. eine Kantorin oder durch einen Lektor bzw. eine Lektorin und Ruf der Gemeinde
Evangelium:	Vortrag durch ein Mitglied der Leitungsgruppe; Einleitung mit „Im Namen des Vaters und des Sohnes und des Heiligen Geistes“ (mit kleinem Kreuzzeichen) und: „Aus dem heiligen Evangelium nach ...“
Betrachtung oder kurze Ansprache:	Vorgetragen durch ein Mitglied der Leitungsgruppe oder ein Mitglied der Bibelrunde
Glaubensbekenntnis:	Die Einleitung durch Leiter bzw. Leiterin, gemeinsames Sprechen der Gemeinde

Zur Vorbereitung des Wortgottesdienstes durch den Liturgiekreis sind die Hinweise zu den entsprechenden Teilen der Eucharistiefeier zu beachten.

Kommunionfeier

Übertragung und stille Anbetung:	Einleitung der Kommunionfeier durch den Leiter bzw. die Leiterin – beispielsweise so: „Zur Übertragung des Leibes Christi auf

	den Altar singen wir das Lied ... Nach der Stille zum persönlichen Gebet und zur Anbetung singen wir abschließend das Lied ...“; Entzünden der Kerzen am Volksaltar durch einen Ministranten bzw. eine Ministrantin; anschließende Übertragung vom Tabernakel und gut sichtbare Aufstellung des Allerheiligsten auf dem Volksaltar; Verlassen aller des Altarraums und gemeinsames Niederknien zur Anbetung – u. U. während der Anbetung ruhiges Instrumentalspiel
Danksagung:	Aufstellen aller Personen, die einen Dienst bei diesem Gottesdienst ausüben, in einem Halbkreis hinter dem Volksaltar Richtung Gemeinde; Einleitung der Danksagung durch den Leiter bzw. die Leiterin, der bzw. die in der Mitte steht; anschließendes Hinwenden des Danksprechers bzw. der Danksprecherin an Christus, der im Zeichen des eucharistischen Brotes am Altar gegenwärtig ist und Aussprechen des Dankes für all das, was in der letzten Zeit im Leben von Kirche, Welt und Gemeinde Gutes passiert ist – das Gebet geschieht vor dem Leib Christi auf dem Altar, deshalb lautet die Anrede: „Herr, Jesus Christus, ...“; Antwort der Gemeinde im Dankruf, der gesprochen oder (vom Kantor bzw. von der Kantorin angeleitet) gesungen werden kann, z. B.: „Danket dem Herrn, denn er ist gut!“
Fürbitten:	Einleitung durch den Leiter bzw. die Leiterin; Vortragen der einzelnen Fürbitten durch Sprecher und Sprecherinnen (diese werden – wie der Dank – an Christus im eucharistischen Brot gerichtet)
Vater Unser:	Einleitung durch den Leiter bzw. die Leiterin; gemeinsames Gebet der gesamten Gemeinde
Friedensbitte und -gruß:	Einleitung und Einladung durch den Leiter bzw. die Leiterin; gegenseitiger Friedensgruß
Mahleinladung:	Durch den Leiter bzw. die Leiterin – z. B. mit den Worten: „Wir empfangen nun die Kommunion, die uns wie das Wort Gottes mit der ganzen Kirche verbindet. Sie macht uns zu einem Teil des ganzen Leibes Christi. Wir sind vom Herrn eingeladen. Beten wir also: Herr, ich bin nicht würdig, ...“
Kommunionspendung:	Austeilung der Kommunion an die Kommunionhelfer und -helferinnen und Überreichen der Hostienschalen durch den Leiter bzw. die Leiterin; Austeilen der Kommunion an die liturgischen Dienste, die sich um den Altar versammelt haben, und dann an die Gemeinde; Zurückstellen der Hostienschalen nach der Kommunionausteilung in den Tabernakel

Betrachtung, Meditation oder Danklied:	Vortrag durch Mitglied der Leitungsgruppe, Kantor bzw. Kantorin oder gemeinsamer Gesang der Gemeinde

Zur Vorbereitung v.a. der Danksagung und der Fürbitten durch den Liturgiekreis sind die Hinweise zu den entsprechenden Teilen der Eucharistiefeier zu beachten.

Schluss

Verlautbarungen:	Vortrag in der Regel durch ein Mitglied der Leitungsgruppe – mit dem Hinweis, dass Ministranten und Ministrantinnen die Kollekte für einen bestimmten Zweck jetzt am Ende des Gottesdienstes beim Ausgang entgegennehmen
Segen:	Sprechen eines Segensgebetes durch den Leiter bzw. die Leiterin und gemeinsames Kreuzzeichen
Schlusslied:	Zurückgehen der Leitungsgruppe in die Bänke, während die Gemeinde singt

Zur Vorbereitung des Schlussteils durch den Liturgiekreis sind die Hinweise zu den entsprechenden Teilen der Eucharistiefeier zu beachten.

Wege zueinander finden – Zum Geist der Liturgievorbereitung

Der Prophet Amos schreibt ein Gotteswort nieder: „Ich hasse eure Feste, ich verabscheue sie und kann eure Feiern nicht riechen. Wenn ihr mir Brandopfer darbringt, ich habe kein Gefallen an euren Gaben, und eure fetten Heilsopfer will ich nicht sehen. Weg mit dem Lärm deiner Lieder! Dein Harfenspiel will ich nicht hören, sondern das Recht ströme wie Wasser, die Gerechtigkeit wie ein nie versiegender Bach. Habt ihr mir etwa Schlachtopfer und Gaben dargebracht während der vierzig Jahre in der Wüste, ihr vom Haus Israel?“ (Am 5,21–25) Und beim Evangelisten Matthäus heißt es lapidar: „Darum lernt, was es heißt: Barmherzigkeit will ich, nicht Opfer“ (Mt 9,13).

Bedeutet diese Kritik am Kult eine Ablehnung des Gottesdienstes und damit auch der christlichen Liturgie? Nein, wohl nicht! Aber die hier geäußerte biblische Kritik an den Gottesdiensten macht eines deutlich: Das Loslösen des Kultes von der alltäglichen Glaubenspraxis – Gottesdienst: ja, aber Gerechtigkeit: nein – ist für Gott unerträglich. Nicht das gläubige Leben steht im Dienst der Gottesdienste und religiösen Feiern, sondern umgekehrt.

Damit stehen auch die christliche Liturgie, die Feiern der Sakramente ausdrücklich im Dienst der Gerechtigkeit und des Erbarmens Gottes. Sie helfen den Christen und Christinnen und den Gemeinden, ihren Auftrag, Zeichen und Werkzeug der Vereinigung der Menschen mit Gott und untereinander zu sein (vgl. LG 1), in der jeweiligen Zeit und in der jeweiligen Situation angemessen zu erfüllen.

Wenn gottesdienstliche Feiern – wie oben gesagt – Räume der Begegnung der Menschen mit Gott und der Gläubigen untereinander sind, dann hat dies wesentliche Auswirkungen auf ihre Gestaltung.

Begegnung geschieht aus freien Stücken. *Gott ist frei,* er ist nicht an die Liturgie gebunden. Was im Gottesdienst und durch seine Gestaltung geschehen kann, ist das *Aufzeigen* der Heilsgeschichte Gottes mit den Menschen. Dies kann nur symbolisch und in Bruchstücken geschehen, niemals vollständig. Die Versuchung, Gott sozusagen „bei der Hand zu nehmen“ und ihn durch die Liturgie zu führen, ist beim Vorbereiten und Feiern der Liturgie immer wieder gegeben. Die Versuchung, ihm „Vorschreibungen“ zu machen (z.B. in den Fürbitten), oder sein Wort und Heilshandeln umfassend und endgültig auszulegen, ist groß. Deshalb ist der unendliche Respekt vor der Freiheit und Größe Gottes die grundlegende Tugend und Haltung, die zur angemessenen Gestaltung von Gottesdiensten notwendig ist.

Begegnung geschieht aus freien Stücken. *Auch die Menschen sind frei,* sie sind nach Gottes Bild geschaffen. So steht es beim Vorbereiten und in der Feier der Liturgie niemandem zu, die anderen durch die Gottesdienste hindurch zu manipulieren, sie zu belehren und moralisierend in ihr Leben eingreifen zu wollen. Natürlich gibt es einen Zugewinn an Einsicht durch den Gottesdienst, natürlich ist jede Liturgie auch eine hoch moralische Handlung. Es genügt aber das fragmentarische Aufzeigen der Wirklichkeit, dann gestalten Christinnen und Christen selbst ihre Betroffenheiten –

je nach ihrer Situation und ihrer Befindlichkeit. So ist auch der unendliche Respekt vor der Freiheit der mitfeiernden Gläubigen und ihrer geschenkten Geistbegabung eine weitere fundamentale Tugend beim Gestalten von Gottesdiensten.

In den Gottesdiensten werden Gott und die Gläubigen ganz bestimmt selbst Wege finden, wie sie zueinander kommen. Die Gestaltung kann nur einen hilfreichen Rahmen schaffen. Hier zeigen sich auch die Grenzen bei der Gestaltung von Liturgien. Diese Grenze ist befreiend, weil sie klar macht, dass das „Gelingen" von Gottesdiensten nie nur eine Frucht der Vorbereitung ist, sondern den Gläubigen und Gott selbst überlassen bleibt ... Aus dem Geist dieser Gelassenheit, die einerseits Liturgie gewissenhaft vorbereitet, die aber andererseits auf das Wirken Gottes und seines Geistes sowie auf die Offenheit der Menschen vertraut, gilt es im Liturgiekreis zu handeln ...

Anhang

Literaturempfehlungen

- Publikationen, Informationen und pastoralliturgische Hilfestellungen der Liturgischen Institute Deutschlands, Österreichs und der Schweiz: vor allem Zeitschrift „Gottesdienst", Materialbrief „Praxis Gottesdienst", Texte der Liturgischen Kommission für Österreich („Dokumente zur Messfeier" ...)
- Zweites Vatikanisches Konzil, Konstitution über die heilige Liturgie *Sacrosanctum Concilium*
- Adolf Adam / Rupert Berger, Pastoralliturgisches Handlexikon, Freiburg 1980.
- August Jilek, Basiswissen christliche Liturgie. Für Religionslehrerinnen und Religionslehrer. Für ehrenamtliche Mitarbeiterinnen und Mitarbeiter in Pfarreien. Aufhausen 2000.
- Wolfgang Reisinger, Kantorale 2, Psalmen und Rufe vor dem Evangelium für Kantor und Orgel, Wien 1997. (Zu beziehen über: Kirchenmusik – Seelsorgeamt Innsbruck, Riedgasse 9, A-6020 Innsbruck.)
- Walter Sengstschmid, Kantorale 3, Antwortpsalmen und Rufe vor dem Evangelium, Wien 2003. (Zu beziehen über: Kirchenmusik – Seelsorgeamt Innsbruck, Riedgasse 9, A-6020 Innsbruck.)
- Markus Eham, Münchener Kantorale. Für die musikalische Gestaltung der Messfeier, München 1992.

Empfehlenswerte Links

- Deutsches Liturgisches Institut: *www.liturgie.de*
- Österreichisches Liturgisches Institut: *www.liturgie.at*
- „Schott"-Messbuch: *www.erzabtei-beuron.de/schott*
- Homepage der Liturgiereferate Österreichs: *www.gottesdienst.cc*
- Offizielle kirchliche Dokumente: *www.vatican.va*

Verwendete Abkürzungen

Allgemein

A	Alle
G	Gemeinde
GL	Gotteslob. Katholisches Gebet- und Gesangbuch
K	Kantor/Kantorin
L	Leiter/Leiterin
Lek	Lektor/Lektorin
V	Vorbeter/Vorbeterin

Konzilsdokumente

GS Zweites Vatikanisches Konzil, Pastorale Konstitution über die Kirche in der Welt von heute *Gaudium et Spes*

LG Zweites Vatikanisches Konzil, Dogmatische Konstitution über die Kirche *Lumen Gentium*

SC Zweites Vatikanisches Konzil, Konstitution über die heilige Liturgie *Sacrosanctum Concilium*

Rupert Berger

Ihr seid mit Christus auferweckt

Gestaltungselemente für Trauerfeiern

96 Seiten, kartoniert
ISBN 3-7698-1211-5

Eine Begräbnisfeier soll die seelische Lage einer Trauergemeinde berücksichtigen, der Trauer Ausdruck geben und Antwort suchen auf die drängenden Fragen, die Trauernde bei einem Begräbnis bewegen. In diesem Buch finden sich dazu Vorschläge, die in Messfeiern für Verstorbene einsetzbar sind oder für die Wort-Gottes-Feier anlässlich des Begräbnisses, in der Kirche oder auf dem Friedhof. Alle 40 Modelle enthalten Homilie, Kyrie-Rufe, Gebet, Fürbitten und Liedvorschläge.

Heinz-Günter Bongartz, Georg Steins

Österliche Lichtspuren

Alttestamentliche Wege in die Osternacht
Ein Lese- und Arbeitsbuch

144 Seiten, kartoniert
ISBN 3-7698-1347-2

Das Alte Testament ist nicht nur eine Zutat zur Liturgie der Osternacht, sondern der Weg zu ihrem Verständnis. Erst vom Alten Testament her wird begreifbar, was die Kirche an Ostern feiert.
Dieses Buch bietet Auslegungen der alttestamentlichen Lesungen, Hintergrundinformationen zur Osternachtfeier und Hilfen für die Gestaltung der Osterliturgie.
Ein Lese- und Arbeitsbuch – aus der Praxis – für die Praxis!